Doreen Virtue

Das Engel-Therapie-Orakel

Handbuch

Doreen Virtue

Das Engel-Therapie-Orakel

Handbuch

Aus dem Amerikanischen
von Angelika Hansen

Allegria

Die Originalausgabe erschien 2008 unter dem Titel
ANGEL THERAPY ® ORACLE CARDS Guidebook
im Verlag Hay House, Inc., Carlsbad, CA, USA

2. Auflage 2009

Allegria ist ein Verlag der Ullstein Buchverlage GmbH
Herausgeber: Michael Görden

ISBN: 978-3-7934-2171-9

Übersetzung: Angelika Hansen
Umschlaggestaltung: FranklDesign, München
Titelabbildung: Corey Wolfe / www.coreywolfe.com
Satz: te•ha grafik
Druck und Bindearbeiten: bookPlus International
Ltd., Hong Kong
Printed in China

Inhalt

Arbeiten mit dem Engel-Therapie-Orakel

Jetzt in diesem Moment sind Schutzengel an Ihrer Seite und flüstern Ihnen liebevolle und klare Worte in Ihre Seele, die Ihnen in jedem Bereich Ihres Lebens helfen können. Wenn Sie Schwierigkeiten haben, Ihre Engel zu hören, können diese Orakelkarten die Lautstärke und Klarheit dessen intensivieren, was diese himmlischen Wesen sagen.

Engel-Therapie ist eine äußerst effektive und sichere Heilungsmethode, die Ihnen hilft, Ängste oder andere emotionale Blockaden loszulassen, Führung hinsichtlich Ihrer Lebensaufgabe und anderer Themen zu empfangen sowie Ihren Körper und Ihr Leben zu heilen. Die Schutzengel und Erzengel, die Sie in diesem Moment umgeben, werden von dem universalen Gesetz des freien Willens gelenkt, welches besagt, dass sie erst dann in Ihrem Leben intervenieren können, wenn Sie ihnen die Erlaubnis dazu erteilen. Doch was ist, wenn Sie nicht sicher sind, um was Sie bitten sollen? Oder nicht wissen, wie Sie fragen sollen? Hier können Orakelkarten helfen.

Die Engel-Therapie-Orakelkarten und dieses Handbuch können versteckte Blockaden sichtbar machen und Ihnen helfen, die Hilfe der Engel zu empfangen. Jede in diesem Handbuch beschriebene Karte zeigt „Handlungsschritte" auf, die Sie vornehmen können, um Heilung und Führung zu initiieren. Außerdem werden die Karten zu einer engeren Beziehung mit den machtvollen Erzengeln führen – vor allem mit Michael, der Sie vor den Auswirkungen der Angst beschützt, und Raphael, dem Heilungsengel, der Ihnen hilft, sich physischer Kraft und Vitalität zu erfreuen.

Wie Sie Ihre Orakelkarten benutzen können

Orakelkarten sind eine von alters her geschätzte Methode, Kontakt mit den Engeln aufzunehmen. Sie basieren auf der Numerologie des Pythagoras, die besagt, dass alle Zahlen und Bilder eine mathematisch präzise Vibration aufweisen.

Sie können beim Arbeiten mit diesen Orakelkarten keine Fehler machen, da sie mit dem unfehlbaren Gesetz der Anziehung korrespondieren. Dies bedeutet, dass Ihre Fragen (oder die der Person, für die Sie ein Reading vornehmen) stets die perfekten

Karten als Antwort anziehen. Mit anderen Worten, Sie werden stets die Karte ziehen, deren Antwort mit der Vibration der Frage übereinstimmt.

Nachstehend die einzelnen Schritte für ein Orakelkarten-Reading für andere (oder für Sie selbst):

Erster Schritt: Reinigen Sie Ihr Kartendeck

Da es sich bei Ihren Karten um sensitive Instrumente handelt, müssen sie zunächst von jeglicher Energie gereinigt werden, die sie unter Umständen im Verlauf des Herstellungsprozesses absorbiert haben. Die Schritte 1 und 2 müssen nur dann wiederholt werden, wenn eine andere Person Ihre Karten berührt hat oder wenn Ihr Reading an Klarheit missen lässt, weil die Karten von zu viel Energie „verstopft" sind.

Um Ihre Karten zu reinigen, halten Sie das Deck zunächst in Ihrer nicht dominanten Hand (derjenigen, mit der Sie normalerweise nicht schreiben), da dies die Hand ist, die Energie empfängt. Ballen Sie Ihre andere Hand zur Faust (dies ist die Hand, die Energie sendet) und klopfen Sie einmal mit der Faust auf das Kartendeck. Auf diese Weise beseitigen Sie die alte Energie, sodass die Karten jetzt „leer" und bereit sind, von Ihrer eigenen Schwingung durchdrungen zu werden.

Zweiter Schritt: Weihen Sie die Karten

Berühren Sie jede Karte kurz, um sie mit Ihrer persönlichen Energie aufzuladen. Es reicht, wenn Sie dafür nur jeweils eine Ecke jeder Karte berühren. Dann fächern Sie die Karten auf, wobei die Abbildungen nach oben zeigen. Halten Sie den Kartenfächer an Ihr Herz, und denken Sie an jegliche Gebete oder Intentionen, mit denen Sie die Karten erfüllen möchten. Dabei können Sie zum Beispiel leise oder laut die folgenden Worte sagen:

> *„Ich bitte darum, dass meine Readings mit diesen Karten akkurat und spezifisch sind und allen Beteiligten zum Segen gereichen. Bitte helft mir, in meinem höheren Selbst zentriert zu bleiben, damit ich klar die göttlichen Botschaften hören, sehen und fühlen kann, die mittels dieser Readings durchzukommen wünschen."*

Bitten und beten Sie für jede Art Hilfe, die Sie während Ihrer Readings empfangen wollen, wie beispielsweise Selbstvertrauen, Klarheit, Mitgefühl und Ähnliches. Jetzt sind Ihre Karten mit Ihrer persönlichen Schwingung und Ihren persönlichen Intentionen aufgeladen.

Dritter Schritt: Bitten Sie Erzengel Michael um seinen Schutz

Als Nächstes bitten Sie Erzengel Michael, Ihre Orakelkarten-Readings zu überwachen und dafür zu sorgen, dass nur Gedanken und Gefühle der Liebe durchkommen. Zudem wird Michael Sie vor jeglichen Gedanken oder Energien beschützen, die auf Angst beruhen, egal, ob sie von Ihnen oder anderen Menschen ausgehen.

Michael hilft jedem, der ihn darum bittet, und Sie benötigen weder eine formale Anrufung noch ein spezielles Training, um seine Hilfe zu empfangen. Eine ehrlich gemeinte Bitte ist alles, was er braucht, zum Beispiel Folgendes:

„Erzengel Michael, ich bitte dich, an meiner Seite zu bleiben und während dieses Orakelkarten-Readings über mich zu wachen und sicherzustellen, dass nur die Liebe und Weisheit Gottes durchkommt.“

Vierter Schritt: Stellen Sie eine Frage

Denken Sie an eine Frage, auf die Sie gerne eine Antwort hätten. Wenn Sie jemand anderem ein Reading geben, bitten Sie ihn oder sie, an eine Frage zu denken oder sie zu visualisieren. Die Engel und Erzengel hören Ihre Gedanken, daher müssen Sie sie nicht laut aussprechen.

Fünfter Schritt: Mischen Sie die Karten

Denken Sie an die Frage, während Sie die Karten mischen, und bitten Sie die Engel, Sie zu führen und Ihnen bei den Antworten zu helfen. Falls eine oder mehrere Karten während des Mischens aus dem Deck „herausspringen", legen Sie diese auf die Seite. Sie werden Teil Ihres Readings sein.

Während Sie mischen, werden Sie wahrscheinlich Gefühle, Gedanken, Worte oder Visionen bemerken. Diese göttlichen Botschaften helfen Ihnen, die gezogenen Karten besser zu verstehen, daher achten Sie auf diese Eindrücke, wann immer sie sich melden.

Sobald sich Ihre Karten in zwei deutlich unterteilte Stapel zu sammeln beginnen, ist es an der Zeit, mit dem Mischen aufzuhören. Vielleicht empfangen Sie auch ein Gefühl, einen Gedanken oder eine Vision, die Ihnen sagt, es ist genug gemischt – oder vielleicht hören Sie sogar die Worte: „Hör jetzt mit dem Mischen auf." Vertrauen und folgen Sie diesen göttlichen Botschaften, die Ihnen bei dem Reading helfen. Sie können keinen Fehler machen und zu früh oder zu spät mit dem Mischen aufhören, da das Gesetz der Anziehung dafür sorgt, dass Sie immer die richtigen Karten ziehen.

Sechster Schritt: Wählen Sie eine Karte

Entnehmen Sie dem Deck die oberste Karte. Sie ist die Antwort auf Ihre Frage bzw. Führung hinsichtlich der Heilungsschritte, die Sie bezüglich der gestellten Frage vornehmen sollten. Während Sie die Worte auf der Karte lesen, achten Sie auf jegliche Gedanken, Worte, Gefühle oder Visionen, die Sie empfangen, da es sich dabei um zusätzliche Botschaften von den Engeln handelt, mit deren Hilfe die Bedeutung der jeweiligen Karte für Sie individualisiert wird. Außerdem ist die Abbildung von großer Bedeutung, daher sollten Sie ihre Details aufmerksam studieren.

Siebter Schritt: Ziehen Sie dieses Handbuch zu Rate

Schlagen Sie die mit der Karte korrespondierende Seite in diesem Begleitbuch auf (die Karten sind alphabetisch geordnet). Während Sie den Text lesen, achten Sie auch jetzt wieder auf jegliche Gedanken oder Gefühle, die sich melden, da sie ein personifizierter Teil der Antwort sind. Dann lesen und folgen Sie den Handlungsschritten, die für jede Karte umrissen sind.

Drei-Karten-Auslegung

Nachdem Sie die Schritte 4 und 5 durchgeführt haben, nehmen Sie drei Karten vom oberen Teil des Decks. Legen Sie die erste Karte mit der Abbildung und den Worten nach oben auf Ihre linke Seite, die zweite in die Mitte und die dritte nach rechts.

Die Karte zu Ihrer Linken gibt Auskunft über die unmittelbare Vergangenheit bezüglich der Situation, zu der Sie die Frage gestellt haben. Die mittlere Karte enthüllt den gegenwärtigen Status Ihrer Frage und was Sie wissen oder woran Sie in diesem Moment arbeiten müssen. Und die Karte zu Ihrer Rechten zeigt Ihre unmittelbar bevorstehende Zukunft, falls Sie Ihren gegenwärtigen Weg weitergehen und der Führung der mittleren Karte folgen. Um es noch einmal zu wiederholen, vergessen Sie nicht, dass Sie Ihre Zukunft verbessern können, indem Sie eine positive Sichtweise beibehalten und Ihrer inneren Führung folgen.

Mehrere Kartendecks

Sie können die Engel-Therapie-Orakelkarten zusammen mit anderen Decks benutzen, um Ihre Readings noch detaillierter zu gestalten. Führen Sie einfach für jedes Deck die Schritte 3 bis 7 durch, und suchen Sie dann nach dem gemeinsamen Thema der Karten, die Sie als Antwort auf Ihre Frage gezogen haben.

Erzengel Michael und Raphael

Zwei der machtvollsten Erzengel, Michael und Raphael, sind in diesem Orakeldeck besonders stark vertreten, weil sie für die Durchführung göttlicher Heilung und Führung essentiell sind. Beide Engel sind überkonfessionell, was bedeutet, dass Sie keiner bestimmten religiösen Organisation angehören müssen, um ihrer Hilfe teilhaftig zu werden. Darüber hinaus sind diese Erzengel keinerlei Begrenzungen unterworfen und daher in der Lage, gleichzeitig bei jedem zu sein, der sie darum bittet (und mit jedem Menschen einzigartige und persönliche Interaktionen zu haben).

Erzengel Michael, dessen Name so viel bedeutet wie „Er, der wie Gott ist“, ist ein mächtiger Aufseher der Erfüllung des Willens Gottes für Frieden auf Erden. Michael weiß, was Ihre göttliche Lebensaufgabe ist, daher sollten Sie ihn um Führung bezüglich einer spirituell sinnvollen Karriere bitten. Zudem ist er der Beschützer-Engel, der Sie vor angstbasierten Energien bewahrt und dafür sorgt, dass Ihnen und Ihren Lieben nichts geschieht.

Erzengel Raphaels Name bedeutet „Gott heilt“, und er ist der himmlische Heilungsengel, der sich um alles kümmert, was mit Gesundheit zu tun hat. Sie können ihn um Hilfe für sich selbst oder im Namen einer anderen Person anrufen, der es gesundheitlich schlecht geht (das Gleiche gilt für Tiere). Raphael würde nie den freien Willen eines Menschen unterwandern, indem er Heilung aufzwingt, wo sie nicht erwünscht ist; doch allein seine Gegenwart ist schon beruhigend, eine Grundvoraussetzung für Gesundheit.

Im nächsten Kapitel dieses Begleitbuchs erfahren Sie zusätzliche Bedeutungen für jede Karte. Vergessen Sie nicht, dass Sie das Resultat jeder Situation durch Gebet, Visualisierung und positive Affirmation verändern können. Die Engel werden Ihnen helfen, Ihre Zukunft zum Besseren zu wenden, wenn Sie um ihre Hilfe bitten und offen dafür sind, ihre himmlische Unterstützung anzunehmen.

Die Bedeutung der Karten

Dieses Handbuch listet die allgemeine Bedeutung jeder einzelnen Karte des Engel-Therapie-Orakeldecks auf. Die Namen der Karten sind alphabetisch aufgeführt, entsprechend dem ersten Wort auf jeder Karte. Finden Sie die korrespondierende Seite, und lesen Sie dort die allgemeine Interpretation und Symbolik nach. Ihre Intuition wird Ihnen zusätzliche individuelle Führung bieten, daher sollten Sie beim Lesen gleichzeitig auf Ihre Gefühle und Gedanken achten. Sorgen Sie dafür, den empfohlenen Handlungsschritten für jede Karte zu folgen, vor allem, wenn Sie wiederholt dieselbe Karte ziehen.

Aufgestiegene Meister

Mächtige, liebevolle und weise spirituelle Lehrer wachen über dich und führen dich.

Diese Karte weist darauf hin, dass du eine starke Verbindung mit einem oder mehreren aufgestiegenen Meistern hast, die dir bezüglich der Situation helfen, auf die sich deine Frage bezieht. Aufgestiegene Meister sind mächtige Lehrer und Heiler, die einst auf der Erde gelebt haben. Viele von ihnen werden mit bestimmten Religionen assoziiert, wie zum Beispiel Jesus, Kwan Yin, die Heiligen, Moses, Mutter Maria, Ganesh und so weiter. Sie müssen kein religiöser Mensch sein, um die

Aufmerksamkeit eines aufgestiegenen Meisters zu erlangen. Die einzige Voraussetzung ist der ehrlich empfundene Wunsch, mit der betreffenden Wesenheit für die Verbesserung der Menschheit und der Welt zu arbeiten.

Der oder die ersten aufgestiegenen Meister, die dir in diesem Moment in den Sinn kommen, sind deine Helfer. Diese Meister lieben und ehren dich. Sie wissen um deine Talente und spirituellen Gaben, und sie helfen dir, sie zu verfeinern, damit du sie zum Wohl der Menschen und der Welt einsetzen kannst.

Handlungsschritte

Denke an einen bestimmten aufgestiegenen Meister und halte entweder ein mentales Bild in deinem Inneren fest oder schau dir ein Gemälde von ihm oder ihr an (indem du zum Beispiel ein farbiges Bild aus dem Internet herunterlädst). Sobald du an den aufgestiegenen Meister denkst, rufst du automatisch dieses heilige Wesen an deine Seite. Bleibe ruhig und achte auf alle physischen Empfindungen, wie zum Beispiel Veränderungen im Luftdruck oder plötzliche Wärme, während du dich auf die Gegenwart des Meisters einstimmst. Als Nächstes sende Liebe von deinem Herzen zum

Herzen der Gottheit. Dies geschieht, indem du einfach die Intention dazu aufrecht hältst. Mach dir bewusst, dass, unabhängig vom Umfang der Liebe, die du dem aufgestiegenen Meister sendest, er diese Liebe tausendfach an dich zurückschickt. Bitte die Wesenheit, dir beim Öffnen deines Herzens zu helfen, damit du noch tiefer die magischen Heilungseigenschaften der Liebe erfahren kannst.

Basis-Chakra

Achte auf positive Gedanken, um dein Zuhause, deinen Beruf und deine finanzielle Situation zu beschreiben, denn deine Worte entscheiden über das Ergebnis.

Diese Karte zeigt, dass du auf materielle Bedürfnisse fokussiert bist, indem du dir zum Beispiel mehr Geld wünschst. Dabei ist unbedingt erforderlich, dass du nur positive Worte und Sätze benutzt, um deine gegenwärtige Situation zu beschreiben. Affirmiere deine Wünsche, so als wären sie bereits Realität, und hüte dich vor ängstlichen Gedanken – oder jeglichen Gesprächen, die dich in eine „Opferrolle“ drängen.

Das Basis-Chakra (auch „Wurzel-Chakra“ genannt) befindet sich am unteren Ende deiner Wirbelsäule und ist das Energiezentrum, das deine Gefühle bezüglich deiner materiellen Bedürfnisse regiert. Um das Fließen göttlicher Manifestationen zu ermöglichen, stell dir vor, wie du heilendes Licht einatmest und in dieses Chakra an der Basis deiner Wirbelsäule sendest. Siehe und fühle einen riesigen Ball rubinroten Lichtes, der in deinem Inneren leuchtet.

Da jede Sorge und jede Angst ein Gebet darstellt, das die entsprechende Energie in dein Leben bringt, achte darauf und ersetze sie durch positive Affirmationen. Bitte die Engel, deinen Glauben und dein Vertrauen zu stärken, denn beides sind magische Aspekte der bewussten Manifestation.

Handlungsschritte

Begib dich an einen ruhigen Ort, wo du ungestört bist, und entspanne deinen Geist und Körper. Atme tief ein und aus, während du das erwünschte Resultat als bereits realisiert visualisierst. Stell dir zum Beispiel vor, dass du finanziell total abgesichert bist. Während du an dieser Vision festhältst, erlaube deinem Körper, sich noch tiefer zu entspannen und das Gefühl zu genießen, so als sei die Vision bereits Wahrheit geworden. Spüre die Wärme der Dankbarkeit in deinem Herzen, das wohlige Gefühl der Sicherheit in deinem Bauch und wie herrlich entspannt alle deine Muskeln sind, indem du darauf vertraust, dass sich diese Vision jetzt für dich manifestiert.

Bei Ängstlichkeit richte deinen Fokus auf Dienen

Richte deine Intention voll auf die Antwort der Frage „Wie kann ich zur Verbesserung der Welt beitragen?“, und das Gesetz der Anziehung wird automatisch deine Bedürfnisse erfüllen.

Du hast diese Karte gezogen, weil du zu spirituellem Dienst berufen bist, entweder als Heiler oder als Lehrer. Der Gedanke, öffentlich im spirituellen Bereich tätig zu werden, kann unter Umständen Nervosität und Ängste auslösen. Mach dir jedoch keine Sorgen – diese Angst beeinflusst nicht deine Fähigkeit zum Dienen. Es ist lediglich dein Ego, das darum kämpft, mittels Angst die Kontrolle zu erlangen. Als Gegenmittel dazu fokussiere dich auf die Mission deines höheren Selbst: den liebevollen Dienst im Namen des Göttlichen. Jeder Klient oder Seminarteilnehmer ist eins mit dir und dem Schöpfer. Euch ist eine Liebe und ein Geist gemeinsam. Deine spirituelle Arbeit hat damit zu tun, sich mit dieser einen großen Kraft im Universum zu verbinden. Während sich das Ego auf „Ich"-Sorgen konzentrieren möchte – wie zum Beispiel „Was ist, wenn ich es gar nicht kann?" oder „Was ist, wenn man mich nicht mag?" –, ist das höhere Selbst hundertprozentig darauf fokussiert, liebevoll den Menschen und der Welt zu dienen.

Dein höheres Selbst ist hundertprozentig an die göttliche Heilungsenergie angeschlossen. Um von deinem höheren Selbst aus zu arbeiten, fokussiere dich darauf, anderen Segen zu bringen – anstatt ihnen imponieren zu wollen. Beginne jede Session oder jedes Seminar damit, dein Herz zu öffnen und jedem Anwesenden Liebe entgegenzubringen, und dann frage: Wie kann ich dienen?, auf dass dein höheres Selbst die Führung übernehmen kann.

Handlungsschritte

Setze dich still hin und stell dir vor, wie du eine Heilungssession durchführst, ein Reading oder ein Seminar gibst, ein Buch schreibst oder irgendeine andere spirituell orientierte Aufgabe erledigst. Stell dir die Personen vor, die daran beteiligt sind (beispielsweise deine Klienten oder Seminarteilnehmer), wie sie dich liebevoll anlächeln aufgrund des Dienstes, den du ihnen bietest. Spüre, wie dein Herz sich diesen Menschen öffnet, die vor Dankbarkeit über dein freudiges Geben strahlen. Visualisiere, dass alle deine materiellen Bedürfnisse problemlos erfüllt werden in dem Wissen, dass das Universum dir automatisch alles gibt, was du brauchst, wenn dein Fokus auf Geben und Dienen gerichtet ist.

Bücher

Deine Lebensaufgabe hat mit Schreiben, Lesen, Redigieren oder dem Verkauf spiritueller Bücher zu tun.

Du hast diese Karte gezogen, weil du nach deiner Lebensaufgabe gefragt hast. Du weißt bereits um deine tiefe Affinität zu Büchern mit spirituellen Themen. Diese Karte bestätigt, dass du große Erfüllung finden wirst, wenn es dir gelingt, deine Liebe für Bücher auf die nächste Ebene zu bringen. Dir ist bewusst, was das beinhaltet, da du davon geträumt hast, dich in gute Bücher zu vertiefen.

Diese Karte bedeutet zudem, dass die Antwort auf deine Frage in Büchern zu finden ist. Daher achte auf Titel, die dir empfohlen werden, oder auf Bücher, die auf geheimnisvolle Weise aus Regalen fallen, da sie Führung für dich enthalten.

Diese Karte ruft dich auf, definitive Schritte zur Erfüllung deiner buchbezogenen Träume vorzunehmen. Egal, ob du gerne ein Buch schreiben, einen Buchladen aufmachen oder mehr lesen möchtest, in jedem Fall solltest du ohne zu zögern den nächsten Schritt tun. Die Engel helfen dir bei diesem Unterfangen, wie du unten lesen wirst.

Handlungsschritte

Erzengel Gabriel ist der „Boten-Engel", der Autoren, Lehrern und allen anderen hilft, die mit der Überbringung spiritueller Botschaften beschäftigt sind. Sage entweder innerlich oder mit lauter Stimme:

„Erzengel Gabriel, ich rufe dich jetzt an. Bitte hilf mir, mehr Mut und Selbstvertrauen zu finden, um meine buchbezogenen Wünsche einen Schritt weiterzubringen (erzähl Gabriel von deinen Träumen, die mit Büchern zu tun haben). Danke, dass du mich motivierst und mir hilfst, mich so zu organisieren, damit ich jeden Tag Zeit finden kann, mich meinem wah-

ren Herzenswunsch zu widmen, und es meinen Träumen ermöglichst, sich ohne Zögern in göttlich perfekter Weise zu manifestieren.“

Dritte-Auge-Chakra

Du kannst die Energie der Liebe in all ihren Formen sehen – zum Beispiel Engel, Auren und Visionen. Du bist beschützt.

Diese Karte kommt zu dir als Antwort auf deine Frage bezüglich deiner Zukunft. Du hast Visionen hinsichtlich deiner Aufgabe und bist dir nicht sicher, ob sie real sind oder deiner Fantasie entspringen. Nun, die Engel versichern dir, dass deine Einsichten zutreffend sind, und sie möchten, dass du deinen visuellen spirituellen Talenten vertraust.

Du hast angeborene hellsichtige Fähigkeiten, die von dem Energiezentrum zwischen deinen beiden physischen Augen – bekannt als das Dritte-Auge-Chakra – regiert werden. Die Engel senden hellsichtige Botschaften, die du vor deinem inneren Auge als Formen, Farben, mentale Filme, Träume etc. wahrnimmst. Es ist auch möglich, dass du ihre Botschaften durch deine physischen Augen empfängst, beispielsweise in Form von häufig wiederkehrenden Nummernsequenzen (111, 444 etc.); als Lichter oder sich bewegende Objekte; oder durch Zeichen und Symbole einschließlich Federn, Regenbogen, Wolken und Münzen.

Die Engel möchten, dass du die Fähigkeiten deines dritten Auges voll entfaltest und die Bedeutung deiner außersinnlichen Visionen verstehst. Sie führen dich und helfen dir, auf alles zu achten, was du mit deinen inneren und äußeren Augen siehst, und diesen Eindrücken zu vertrauen.

Handlungsschritte

Setze dich still hin und sage:

> *„Erzengel Raphael und alle Engel der Hellsichtigkeit, ich bitte euch, meinen Kopf mit eurer heilenden Energie zu umgeben. Bitte reinigt mein drittes Auge von sämtlichen alten Ängsten, negativen*

Wesenheiten oder anderen Blockaden und Einmischungen."

Atme tief ein und aus, während die Engel ihre „außersinnliche Operation" durchführen, um deine spirituelle Sichtweise optimal einzustellen. Lege ein Journal über deine Visionen an und bitte die Engel um Hilfe bei der Interpretation.

Du bist ein machtvoller Lichtarbeiter

Du bist machtvoll und beschützt.
Deine spirituelle Kraft bringt dir reichen
Segen im liebevollen Dienst an der Welt.

Diese Karte kommt zu dir, weil die Engel dir helfen wollen, dass du dich im Vollbesitz deiner spirituellen Kraft wohlfühlst. Du bist tatsächlich äußerst machtvoll, weil du (wie jeder Mensch) nach dem Bild deines allmächtigen Schöpfers geformt wurdest. Göttliche Kraft fließt durch dich, wenn du die Intention hast, eine Heilung vorzunehmen oder ein Reading zu geben.

Du bist beschützt und kannst ohne Angst diese Macht channeln, da es sich hierbei nicht um eine persönliche oder vom Ego angetriebene Kraft handelt. Wenn du die Absicht hast, göttliche Kraft im Dienste der Liebe zu benutzen, erfährst du Harmonie in allem, was du tust. Je wohler du dich mit deiner spirituellen Kraft fühlst, desto beständiger und gleichmäßiger fließt sie durch dich.

Handlungsschritte

Ein Gefühl der Anspannung in deinen Bauchmuskeln bedeutet, dass du dich in einem Machtkampf befindest. Entweder hast du das Gefühl, als versuche jemand, dich zu kontrollieren, oder du weißt nicht, wie du deine Kraft anwenden sollst. Das nächste Mal, wenn du dieses angespannte Gefühl empfindest, sage einfach:

„Erzengel Michael, bitte hilf mir, meine göttliche Kraft mit Anmut und Dankbarkeit anzunehmen."

Du hast große hellseherische Fähigkeiten

Vertraue allem, was du vor deinen inneren oder physischen Augen siehst, denn deine spirituelle Vision führt dich und hilft dir im Bereich des Heilens und Lehrens.

Die Engel senden dir diese Karte, damit es dir leichter fällt, sowohl den Visionen zu vertrauen, die du im Traum vor deinem inneren Auge empfängst, als auch den Zeichen, die du physisch siehst (wie zum Beispiel immer wiederkehrende Zahlenkombinationen, Federn, Münzen, Lichtblitze etc.). Da der Schöpfer allsehend ist, darfst du davon ausgehen, dass du (und jeder andere Mensch) das Geschenk des geistigen Sehens mitbekommen hast.

Sollte dein spirituelles Talent blockiert scheinen, kann das an schmerzhaften Erfahrungen in der Vergangenheit liegen, und die Engel können dir helfen, diese zu heilen und loszulassen.

Mach dir bewusst, dass deine Hellsichtigkeit gottgewollt ist, da dieser Segen dir bei deiner Heilungs- und Lehrarbeit helfen kann. Deine hellsichtigen Fähigkeiten geben dir zudem fortwährende und zuverlässige Führung, vergleichbar einem elektronischen Navigationssystem, das dich an das gewünschte Ziel bringt. Vertraue dem, was du siehst!

Handlungsschritte

Du wirst diese Session an einem ruhigen und ungestörten Ort vornehmen wollen und dir Stift und Papier bereitlegen, da der Prozess unter Umständen sehr lebhafte Erinnerungen aus vergangenen Leben auslösen kann. Setze oder lege dich hin und zentriere dich mit ruhigen, tiefen Atemzügen. Wenn du so weit bist, sage:

„Erzengel Raziel, ich rufe dich jetzt an. Bitte umgib mich mit den höchsten und

reinsten Vibrationen göttlicher Liebe, um jegliche alten Ängste zu heilen und loszulassen, die meine spirituelle Sehkraft behindern.“

Atme ruhig weiter und entspanne dich, auch wenn dein Körper vielleicht kribbelt oder ein Zucken ihn durchläuft, während er sich von alten Giftstoffen befreit. Lass diesen Prozess zu, bis dein Körper sich rundherum wohlfühlt. Wisse, dass du deine hellsichtigen Fähigkeiten kontrollieren und optimal benutzen kannst, indem du die Engel um Hilfe bittest.

Durchtrenne deine Schnüre

Bitte Erzengel Michael, alle Bindungen der Angst zu entfernen, die aus vergangenen Beziehungen stammen, und dich von zerstörerischen Mustern zu befreien.

Du hast diese Karte gezogen, weil Negativität im Zusammenhang mit einer vergangenen Beziehung die Situation beeinflusst, über die du Näheres wissen möchtest. Zum Glück kann diese toxische Energie mithilfe des machtvollen Erzengels Michael leicht beseitigt werden, indem er dich von den Auswirkungen der Angst befreit.

Wann immer du oder dein Partner Angst in eurer Beziehung erlebt, macht sich eine Schnur (ähnlich einem hohlen Schlauch) an euch beiden fest. Es ist möglich, dass du – wie die meisten Menschen – Schnüre hast, die dich mit deinen Eltern verbinden (egal, ob sie leben oder verstorben sind); deinen Geschwistern; deinen Liebhabern; allen, denen du jemals geholfen hast, wie zum Beispiel Schülern oder Klienten; und jedem, mit dem du eine wichtige Beziehung hattest. Diese Schnüre sind nichts, vor dem du Angst haben oder dessen du dich schämen solltest. Sie müssen lediglich durchtrennt werden, da sie deine Energie absaugen und der Grund für physischen Schmerz sein können.

Handlungsschritte

Denke an eine Frage oder Situation, bei der du Hilfe brauchst. Dann sage innerlich oder mit lauter Stimme:

> *„Erzengel Michael, ich rufe dich jetzt herbei. Bitte durchtrenne die Schnüre der Angst, die mich in der Vergangenheit blockiert oder mir meine Energie abgesaugt haben. Ich bin jetzt bereit, allen Schmerz für Frieden einzutauschen."*

Wenn du während dieses Prozesses an eine bestimmte Person denkst, bitte Michael, dir zu helfen, die Angst in dieser Beziehung loszulassen. Du wirst einen Schauder fühlen, der durch deinen Körper läuft, während die Schnüre eine nach der anderen durchtrennt werden. Hab keine Angst, Schnüre der Liebe können nicht durchgeschnitten werden. Wiederhole diesen Prozess, wann immer du dich erschöpft oder blockiert fühlst, da Schnüre nachwachsen können, wenn Angst in die Beziehung zurückkehrt.

Eltern

Die göttliche Wahrheit ist, dass deine Eltern dich nach besten Kräften ewig lieben. Die Engel heilen dich von jeglichem Schmerz, der mit deiner Mutter oder deinem Vater assoziiert ist.

Du hast diese Karte gezogen, weil die Antwort auf deine Frage mit Emotionen im Zusammenhang mit deinen Eltern zu tun hat. Wenn es dir zum Beispiel schwerfällt, Freundlichkeit und liebevolles Verhalten anderer anzunehmen, könnte das zugrunde liegende Problem aus ungeheilten Gefühlen gegenüber deiner Mutter stammen. Empfänglichkeit ist eine feminine Energie, die von unseren Müttern repräsentiert wird. Wenn du Angst hast, Liebe zu empfangen, oder dich schuldig fühlst, wenn du möchtest, dass deine Bedürfnisse erfüllt werden, wende dich an die Engel, damit sie dir bei der Heilung von diesen Gefühlen helfen.

Von deinem Vater lernst du vor allem männliche Energie und die Entwicklung des Vertrauens in deine Fähigkeiten, in die Welt hinauszugehen und einen positiven Beitrag zu leisten. Wenn dein Selbstvertrauen ins Wanken gerät, bitte die Engel, die emotionale Verbindung mit deinem Vater zu heilen.

Diese Karte ist darüber hinaus ein Zeichen, dass deine Eltern dich wirklich lieben, selbst wenn die Art, wie sie dir ihre Liebe gezeigt haben, dich nicht befriedigt hat. Falls deine Mutter oder dein Vater schon gestorben sind, senden sie dir diese Karte als eine Möglichkeit, dir zu sagen: „Ich liebe dich."

Handlungsschritte

Wenn du sie darum bittest, werden die Engel bei jeder schmerzhaften Emotion intervenieren, die mit deinen Eltern zu tun hat. Begib dich an einen ruhigen Ort, wo du ungestört bist, und spreche diese Bitte innerlich oder mit lauter Stimme aus:

„Meine Schutzengel und Schutzengel meiner Mutter und meines Vaters, ich rufe euch jetzt an. Ich bitte um euren heilenden Segen bei meinen inneren und äußeren Beziehungen zu meinen Eltern. Ich bin willens, negative Emotionen im Zusammenhang mit meiner Kindheit, Jugend und als Erwachsener loszulassen. Ich bitte die Engel, mir zu helfen, ab sofort jeglichen Schmerz durch Frieden zu ersetzen."

Emotionale Sensitivität

Ehre und respektiere deine hohe Sensitivität,
denn sie ist ein Geschenk an uns alle!

Bist du aufgrund deiner extremen Sensitivität verhöhnt worden oder hast du dich ihrer geschämt? Wenn ja, wollen die Engel dir mit dieser Karte zeigen, welche positiven Qualitäten deine Gabe der Sensitivität beinhaltet. Zum Beispiel weißt du genau, ob ein neuer Bekannter vertrauenswürdig ist oder nicht. Die Engel helfen dir, diesem Gefühl stärker zu vertrauen und dich nicht anzuklagen, falls du in der Vergangenheit deiner Intuition nicht gefolgt bist.

Du bist von Natur aus friedvoll, daher gehst du automatisch Auseinandersetzungen und anderen harschen Energien aus dem Weg. Bitte deine Engel, dich zu ebenso friedliebenden Menschen zu führen und alle anderen von dir fernzuhalten. Ehre deine Sensitivität, indem du dich in deinen Beziehungen, der Wahl deiner Bücher und Filme, deinem häuslichen Leben und deiner beruflichen Situation mit liebevollen und freundlichen Energien umgibst.

Handlungsschritte

Lebendige Pflanzen gehören zu den Lieblingswerkzeugen der Engel, um physische und emotionale Giftstoffe zu entfernen. Stelle heute Abend eine Topfpflanze neben dein Bett, damit ihre Energie in der Nacht alles Negative reinigen und verwandeln kann, was du vielleicht absorbiert hast. Ebenso wie die Pflanze giftiges Kohlenmonoxyd in Sauerstoff umwandeln kann, wird sie auch auf Angst basierende Energie umwandeln, damit du friedlich schlafen und erfrischt aufwachen kannst. Sorge gut für deine Pflanze! (Die Feen können dir dabei helfen, wenn du sie darum bittest!)

Erdenengel

Du bist ein Lichtarbeiter, auf die Erde gekommen, um Liebe zu lehren.

Diese Karte kommt als Antwort auf deine Frage bezüglich deiner Lebensaufgabe zu dir. Die Antwort lautet „Lehre Liebe“. Du erfüllst diese Aufgabe, wann immer du zentriert, heiter und liebevoll bist, denn dann bist du ein Vorbild göttlichen Friedens. Es ist nicht nötig, dass du etwas sagst, ein Buch schreibst oder als Heiler arbeitest, um eine positive Wirkung auf andere Menschen zu haben. Du musst nur einfach liebevoll und mitfühlend sein in deinen Interaktionen mit anderen. Alle, die friedvoll sind, lehren Frieden, den

Ausdruck göttlicher Liebe auf der Erde. Darüber hinaus hast du diese Karte erhalten, um dir beim Umgang mit dem Gefühl der Entfremdung zu helfen, was bedeutet, dass du meinst, anders zu sein als deine Mitmenschen oder nicht dazuzugehören. Als Erdenengel mag dies deine erste Inkarnation als Mensch sein. Doch hab keine Angst, du bist niemals wirklich allein. Die Engel sind immer bei dir, sie lieben und führen dich und nehmen dich so, wie du bist, bedingungslos an. Außerdem gibt es noch andere Erdenengel, die einen ähnlichen Hintergrund und ähnliche Erfahrungen haben wie du. Bitte deine Schutzengel, dich mit gleich gesinnten Freunden in Kontakt zu bringen, und sie werden es mit Freuden tun.

Handlungsschritte

Der Schlüssel dazu, „Liebe zu lehren", besteht darin, sie zunächst für dich selbst und dein eigenes Leben zu fühlen. Nimm einen Block oder setz dich an deinen Computer und schreibe unter dem Motto „Was ich an mir mag" alles auf, was dir in den Sinn kommt.

Dazu gehört jede (deiner Meinung nach) wichtige und weniger wichtige Eigenschaft, die dir einfällt und die du als positiv bei dir empfindest. Es ist eine private Liste, daher gestehe dir auch Eigenschaften ein, die du normalerweise aus Scheu nicht erwähnen würdest.

Dann streiche das Wort mag in der Überschrift durch und ersetze es durch das Wort liebe. Schau dir deine Liste des Öfteren an und füge neue Gründe hinzu, warum du dich selbst liebst. Dies wird dir helfen, anderen Menschen zu zeigen, wie sie sich selbst durch den Prozess der Selbstakzeptanz lieben können.

Erzengel Michael

Du arbeitest sehr eng mit diesem machtvollen Erzengel zusammen, der dich in dieser Situation beschützt und führt.

Du hast diese Karte gezogen als Bestätigung dessen, was du bereits weißt oder vermutest: Erzengel Michael ist jetzt in diesem Moment bei dir. Erzengel sind riesige und machtvolle überkonfessionelle Engel, die über die Schutzengel und Erdenbewohner wachen. Michael (dessen Name so viel wie „Er, der wie Gott ist" bedeutet) ist der Engel, der die negativen Auswirkungen von Angst beseitigt, dich und deine Lieben beschützt und dir in deiner schwierigen Situation seinen Mut und seine Kraft leiht.

Wenn du vor der Entscheidung stehst, wichtige Veränderungen in deinem Leben vorzunehmen wie zum Beispiel deinen Job zu kündigen oder eine Beziehung zu beenden, bitte Michael um Führung und Hilfe, damit du furchtlos weitergehen kannst. Darüber hinaus kann Michael dir helfen, deine Lebensaufgabe zu finden, und er kann dir sagen, welche Schritte du als Nächstes sowohl auf deinem spirituellen Weg als auch bezüglich deiner Berufswahl nehmen solltest.

Handlungsschritte

Um deinen Mut und dein Vertrauen zu stärken, sage mit Ernsthaftigkeit und Überzeugung:

> *„Erzengel Michael, ich rufe dich jetzt herbei. Bitte leihe mir dein Schwert und deinen Schild des Friedens und erlaube mir, auf deine Kraft und deinen Mut zu bauen. Hilf mir zu wissen und zu fühlen, dass ich in Sicherheit und emotional, physisch, finanziell, energetisch und spirituell beschützt bin. Danke."*

Erzengel Raphael

Der Engel der Heilung ist bei dir
und hilft dir bei deiner Arbeit.

Deine Gebete um Heilung (für dich selbst und andere) sind erhört und von Erzengel Raphael, dem höchsten Heiler auf der Ebene der Engel, beantwortet worden. Raphael (sein Name bedeutet „Gott heilt") verleiht dir weise Führung und Ideen hinsichtlich deiner Gesundheit. Daher achte darauf, allen intuitiven Impulsen zu mehr Bewegung und gesünderer Ernährung zu folgen oder nicht mehr zu rauchen etc. Raphael kann dir helfen, heftiges Verlangen nach schädlichen Genussmitteln zu reduzieren, wenn du ihn darum bittest. Außerdem wird er deine Motivation zu sportlicher Betätigung verstärken. Wenn du dich berufen fühlst, anderen bei ihren gesundheitlichen Problemen zu helfen (Familienmitgliedern, Klienten und/oder Tieren), bitte Raphael, deine Worte und Aktionen zu führen. Raphael wird Gottes heilende Energie durch dich senden, damit göttliche Liebe und Licht durch dich hindurchfließen können. Darüber hinaus ist Raphael mit Freuden bereit, dich auf deine Bitte zu einer optimalen Ausbildung im Bereich der Heilungsarbeit zu führen.

Handlungsschritte

Erzengel Raphaels heilende Energie leuchtet in einem wunderschönen Smaragdgrün. Visualisiere dieses smaragdgrüne Licht, wie es jeden, der Heilung braucht, von Kopf bis Fuß umgibt. Selbst wenn du dieses grüne Licht nicht klar sehen kannst, wisse, dass du seine heilende Kraft erfolgreich herbeigerufen hast.

Feen

Du hast eine starke Verbindung zu den Feen.
Es ist Teil deiner Lebensaufgabe,
Mutter Natur zu helfen.

Du hast diese Karte gezogen, weil die Feen dich wissen lassen möchten, dass sie als Geistführer bei dir sind und dir helfen, deine physischen Bedürfnisse zu erfüllen und deine Lebensaufgabe zu meistern. Die Feen drängen dich, Zeit in der Natur zu verbringen und sie bei ihrer Aufgabe zu unterstützen, Erde, Wasser und Luft zu reinigen. Darüber hinaus schützen und führen sie die Tiere. Wenn du dir eine göttliche Aufgabe wünschst, bei der es darum geht, den Tieren oder Mutter

Natur zu helfen, bitte einfach die Feen darum! Außerdem weist diese Karte darauf hin, dass du interessiert bist, Geld oder irgendeine andere Form materieller Unterstützung zu manifestieren. Die magischen Feenwesen helfen dir mit Freuden bei diesem Unterfangen, vorausgesetzt, du erweist auch ihnen einen Gefallen, indem du etwas Gutes für die Umwelt tust, zum Beispiel Flaschen und Dosen recyclest oder von jetzt an nur noch umweltfreundliche Waschmittel etc. benutzt.

Handlungsschritte

Gehe hinaus in die Natur, wo Bäume und Pflanzen wild wachsen und nicht beschnitten oder mit Pestiziden behandelt sind. An solchen Orten halten sich die Feen besonders gerne auf. Sage in aller Ernsthaftigkeit zu den Feen (entweder mit lauter Stimme oder innerlich):

„Ich möchte gerne eure Gegenwart fühlen oder sehen. Könnt ihr mir bitte helfen, euch besser kennenzulernen?“

Du wirst wissen, wann der Kontakt mit den Feen zustande gekommen ist, wenn du Ideen oder Impulse bemerkst, die mit der Verbesserung der Umwelt zu tun haben oder damit, Tieren zu helfen. Häufig beginnen die Feen ihren Kontakt, indem sie dich bitten, Müll von einer Wiese oder einem Waldpfad zu entfernen. Sobald du die Bitte der Feen erfüllst, werden sie dir mit Vergnügen ihrerseits bei deinem Unterfangen helfen!

Das Gesetz der Anziehung

*Bisher genossene Beziehungen
und Aktivitäten verändern sich jetzt,
weil du sensitiver
und bewusster für Energien bist.*

Diese Karte signalisiert, dass du aufgrund deines spirituellen Weges Veränderungen erfährst. Das universale Gesetz der Anziehung besagt, dass Gleiches Gleiches anzieht. Daher fühlst du dich zu Menschen und Situationen hingezogen, die ähnliche Intentionen haben wie du. Wenn du zum Beispiel die Absicht hast, liebevoll zu sein und das Göttliche in allem und jedem zu sehen, wirst du liebevolle Menschen und Situationen anziehen. Darüber hinaus wirst du Menschen abstoßen, deren Fokus nicht positiv ist. Aus diesem Grund wirst du unter Umständen feststellen, dass sich deine Beziehungen und dein Geschmack verändern. Vielleicht gehst du alten Freunden und Bekannten aus dem Weg, die dich nicht länger faszinieren; oder es kann sein, dass dir dein Job keine Freude mehr macht und du nicht länger in die Clubs gehen magst, die du früher so gern frequentiert hast. Wisse, dass diese Erfahrungen und Gefühle ein normaler Teil des spirituellen Weges sind; dafür ziehst du wundervolle neue Beziehungen, Situationen und Jobs an, die deinen spirituellen Fokus widerspiegeln. Übergib alle Sorgen, Fragen, Bedenken, Ängste, Schuldgefühle und sonstige negative Energien den Engeln, damit sie geheilt und umgewandelt werden können.

Handlungsschritte

Bitte innerlich die Erzengel Raguel (den Beziehungsengel) und Chamuel (den Engel, der findet, wonach du suchst) um Hilfe und sage:

„Erzengel Raguel und Chamuel, danke, dass ihr mir helft, mir selbst treu zu bleiben, während ich diese wichtigen Veränderungen durchlebe. Ich bitte um

eure umfassende Hilfe bei der Neuorientierung meiner Beziehungen, meiner Karriere und anderer Bereiche meines Lebens, bei denen ich spüre, dass sich mein Geschmack und meine Einstellung verändert haben. Bitte führt mich mit Anmut, Integrität und Mitgefühl durch diese Veränderungen, damit sie allen Beteiligten zum Segen gereichen."

Gottes-Kästchen

Um alle Sorgen, Ängste oder Wünsche loszulassen, schreibe sie auf ein Blatt Papier und lege es in ein „Gottes-Kästchen“. Damit gibst du den himmlischen Kräften die Erlaubnis, dir zu helfen.

Die Engel möchten dir die Last der Angst von den Schultern nehmen, indem sie dir eine physische Methode anbieten, mit der du deine Sorgen dem Himmel überlassen kannst. Das Niederschreiben deiner Ängste und Bitten um Hilfe ist eine wirksame Art, mit Gott und den Engeln zusammenzuarbeiten. Egal, ob du deine Anliegen mit vielen oder wenigen Worten niederlegst, das Resultat wird dasselbe sein. Entscheidend ist, dass die Worte aus deinem Herzen kommen und du dann das Blatt Papier symbolisch dem Himmel „gibst“, entweder indem du es verbrennst (was deine Gebete freisetzt), in das Tiefkühlfach deines Kühlschranks legst (was dafür sorgt, dass die Situation nicht eskaliert), vergräbst (was die emotionale Heilung unterstützt) oder in ein Gottes-Kästchen legst (siehe unten).

Handlungsschritte

Gottes-Kästchen sind von jeher geschätzte Instrumente, um inneren Frieden zu finden und Antworten auf Gebete zu erhalten! Falls du noch keinen Behälter hast, den du ausschließlich als Gottes-Kästchen benutzt, ist es jetzt an der Zeit, entweder eins zu kaufen, selbst herzustellen oder eine Schachtel zu nehmen, die du nur zu diesem Zweck verwendest.

Wähle einen schön verzierten Behälter, der ein Gefühl des Mystischen oder Majestätischen vermittelt. Vielleicht gefällt dir ein Kästchen in Königsblau besonders gut oder eins, das mit Kristallen verziert ist. Bitte deine Engel, dich zu einem besonders schönen Gottes-Kästchen zu führen, das genau richtig ist für dich. Stelle dein Gottes-Kästchen an einen leicht zugänglichen Ort, wo du es immer sehen und benutzen kannst.

Göttin

Verleihe deiner göttlichen weiblichen Energie Ausdruck, indem du ihre magische Intuition und fürsorglichen Eigenschaften annimmst.

Diese Karte zeugt von der Notwendigkeit weiblicher Energie, die Geschenke bringt wie Intuition, Fürsorglichkeit und künstlerischen Ausdruck. Vielleicht hast du zu viel Zeit mit Denken verbracht oder mit Tätigkeiten, die keinerlei Kreativität verlangten. Wenn ja, ist diese Karte das Signal für dich, deinen Körper tanzen zu lassen und deiner intuitiven, künstlerischen und fürsorglichen Seite Ausdruck zu verleihen. Darüber hinaus wirst du angeleitet, wohlwollende weibliche

Gottheiten anzurufen, um dir bei der Situation zu helfen, der deine Frage gilt. Du kannst dich an Lakshmi wenden, die vielgeliebte Hindu-Göttin, die Fülle bringt; Bridgit, die keltische Göttin der Heilung und des Mutes; heilige Mutter Maria, die unsere Kinder beschützt und führt; Pallas Athene, griechische Göttin der Weisheit; die ägyptische Göttin Isis, die Frauen hilft, Familie und Beruf unter einen Hut zu bringen; oder eine der unzähligen anderen vertrauenswürdigen und heiligen weiblichen Gottheiten.

Handlungsschritte

In jeder Frau existieren drei Aspekte der Göttin: Jungfrau (inneres Kind, zuweilen reinen Herzens und zu anderen Zeiten abenteuerlustig oder kühn); Mutter (fürsorgliche Eigenschaften); Matriarchin (die Lehrerin). Männer haben analoge innere Qualitäten des Knaben, des Vaters und des Patriarchen. Es ist wichtig, diese drei Aspekte täglich zum Ausdruck zu bringen. Auf diese Weise schaffst du ein Gleichgewicht zwischen Verspieltheit, Arbeit und Beziehungen. Achte darauf, jeden Tag allen drei Eigenschaften einen Teil deiner Zeit zu widmen, und du wirst feststellen, wie viel vitaler und ausgeglichener du dich fühlst.

Hast du deine Engel um Hilfe gebeten?

Deine Engel wollen dir
in dieser Situation helfen;
sie brauchen jedoch deine Erlaubnis,
bevor sie bei deinen freiwillig getroffenen
Entscheidungen intervenieren können.

Diese Karte zeigt an, dass du versucht hast, die Angelegenheit im Alleingang zu klären und ohne fremde Hilfe Antworten und Lösungen zu finden. Während der ganzen Zeit sind deine Engel in der Nähe und warten auf den Moment, wo du ihnen ein Zeichen gibst, damit sie dir helfen können.

Du hast diese Karte gezogen, weil die Engel dir in dieser Situation beistehen wollen, was sie jedoch nur tun können, wenn du es ihnen gestattest. Die Engel stehen jetzt in diesem Moment für dich zur Verfügung – um deine Fragen zu beantworten, dich zu führen und deine Manifestationen zu beschleunigen. Es stimmt, dass Gott und die Engel bereits wissen, was du brauchst. Da Gott jedoch dich und alle Menschen mit einem freien Willen ausgestattet hat, kann der Himmel nur intervenieren, wenn du es erlaubst. Es spielt weder eine Rolle, ob du mit lauter Stimme, schriftlich oder innerlich um Hilfe bittest, noch, welche Worte du wählst. Wichtig ist nur, dass du um Hilfe bittest. Wenn du nicht sicher bist, worum du genau bitten sollst, oder fürchtest, um das Falsche zu bitten oder um weniger, als es dem Willen Gottes entspricht, dann bitte den Himmel, dir zu Klarheit und Mut zu verhelfen.

Handlungsschritte

Egal, ob du insgeheim Antworten, Führung, Heilung, Erleichterung oder eine Manifestation deiner irdischen materiellen Bedürfnisse suchst, deine Engel können dir auf machtvolle Weise helfen. Nimm dir jetzt einen Moment Zeit und bitte die himmlischen Wesen um Beistand. Sorge dich nicht darum, ob du vielleicht um das Falsche bittest oder dein Gebet auf eine nicht korrekte Weise verrichtest, da die Engel auf die Intention reagieren, die deiner Bitte zugrunde liegt. Nachdem du sie um Hilfe gebeten hast, achte auf die Antworten der Engel, die in Form von Gefühlen im Bauch, Träumen, Ideen und Zeichen kommen, und folge ihnen.

Heile deine Süchte

Es ist an der Zeit, Verhaltensformen loszulassen, die dich an der Erfüllung deines Herzenswunsches hindern. Bitte Erzengel Raphael, dir bei dieser Heilung zu helfen.

Diese Karte kommt zu dir, um dir zu bestätigen, was du bereits weißt: Es ist an der Zeit, Suchtverhalten aufzugeben, da es sich negativ auf deine Gesundheit, dein Glück und deine Lebensaufgabe auswirkt. Die Engel bitten dich, sehr ehrlich mit dir selbst zu sein und einzugestehen, dass diese Süchte deine Zeit verschwenden, dich deiner Energie und deines Selbstvertrauens berauben und die Antworten auf deine Gebete blockieren.

Zum Glück werden die Engel bei jedem Schritt deiner Heilung bei dir sein, und mit ihrer Hilfe wirst du dein krankhaftes Verlangen und andere Suchttendenzen überwinden.

Den Anfang machst du, indem du eine klare Entscheidung triffst, das Suchtverhalten loszulassen. Wiege die positiven und negativen Aspekte der Sucht ab. Sobald du emotional zum Loslassen bereit bist, nimm die folgenden Handlungsschritte vor.

Handlungsschritte

Begib dich an einen ruhigen Ort, wo du nicht gestört wirst. Dann sage mit lauter oder leiser Stimme:

„Erzengel Raphael,
ich rufe dich jetzt herbei."

Denke an das, was du loslassen möchtest (zum Beispiel destruktive Muster, zwanghaftes Verhalten, toxische Beziehungen und übermäßiges Verlangen nach gesundheitsschädigenden Substanzen). Stell dir vor, wie diese Süchte (oder ein Symbol dafür) auf deinem Schoß oder deinen Oberschenkeln sitzen. Vielleicht fühlst oder siehst du diese Süchte; oder du spürst, wie sie durch verdrehte Schnüre, Netze und Wurzeln an deiner Magengegend festgemacht sind.

Atme tief und regelmäßig, während du sagst:
„Erzengel Raphael, ich bin jetzt bereit, diese ehemaligen Süchte dir und dem Himmel zu übergeben. Bitte durchschneide alle Wurzeln, Schnüre und Netze, die mich mit diesen Süchten verbinden, und hebe sie ins Licht, damit sie umgewandelt und geheilt werden können."

Nachdem Raphael das Suchtverhalten von dir genommen hat, wird er dich mit seinem smaragdgrünen Heilungslicht erfüllen, um dir inneren Frieden und neue Kraft und Zuversicht zu geben. Du wirst umgehend ein drastisches Nachlassen deines Verlangens bemerken. Wenn nötig, wiederhole diesen Prozess, bis das Suchtverhalten vollständig verschwunden ist.

Herz-Chakra

Die Antwort, die du suchst, ruht bereits in deinem Herzen. Sei offen, Liebe zu geben und zu empfangen.

Die Engel möchten, dass du deinen Gefühlen vertraust. Dein Herz ist weise, und es fordert dich auf, wichtige Veränderungen vorzunehmen. Vertraue dieser Weisheit, da sie dich nicht im Stich lassen wird. Jedes Mal, wenn du dich deinen inneren Gefühlen widersetzt, bricht dein Herz ein wenig mehr. Repariere dein Herz und deine Beziehung mit dir selbst, indem du deine Emotionen würdigst. Wenn du zum Beispiel mit einer Situation unglücklich bist, bedeutet dies, dass irgendetwas nicht stimmt und du etwas unternehmen musst.

Bitte die Engel, deinen Mut zu stärken und dir zu helfen, sowohl privat als auch beruflich positive Veränderungen vorzunehmen.

Darüber hinaus ruft dich diese Karte auf, dein Herz der Liebe zu öffnen. Vielleicht bist du in früheren Beziehungen verletzt worden und versuchst, dich vor weiterem Schmerz zu bewahren. Die Engel versichern dir, dass sie dich und dein Herz beschützen werden, daher kannst du ohne Sorge Liebe und andere Emotionen zulassen. Die unten beschriebenen Handlungsschritte werden dir helfen, alle Ratschläge der Engel zu befolgen.

Handlungsschritte

Gehe in einen Blumenladen und kaufe eine oder mehrere frische pinkfarbene, duftende Rosen. (Solltest du welche in deinem Garten haben, umso besser!) Trage eine solche Rose den ganzen Tag mit dir herum und atme immer wieder ihren süßen Duft ein. Stelle eine oder mehrere Rosen in einer Vase auf deinen Nachttisch, damit du von ihrer Fähigkeit, das Herz-Chakra zu öffnen, profitieren kannst. Falls es dir nicht möglich ist, eine pinkfarbene Rose mit dir herumzutragen, benutze stattdessen reines essentielles Rosenöl. Außerdem solltest du einen herzförmigen Rosenquarzanhänger tragen oder den Kristall in deinem BH oder deiner Jackentasche unterbringen, um dein Herz den ganzen Tag lang offen zu halten. Darüber hinaus werden die Engel dein Herz mit heilendem, beschützendem pinkfarbenem Licht umgeben, wenn du sie darum bittest.

Höre auf deine intuitiven Gefühle

Dein Körper empfängt die Botschaften des Göttlichen.

Deine Engel wollen dich wissen lassen, dass du ständig göttliche Botschaften empfängst, selbst wenn du sie nicht wahrnimmst. Die meisten dieser Botschaften werden durch deine physischen und emotionalen Sinne übermittelt, da dein Körper extrem sensitiv ist für subtile Energien. Vielleicht verstehst du deine Gefühle zuweilen nicht, doch liegt ihnen immer eine unfehlbare Weisheit zugrunde.

Du hast diese Karte empfangen, weil du eine Frage gestellt hast, die dein Körper bereits durch deine emotionalen und physischen Empfindungen beantwortet hat. Du wirst dringend aufgefordert, deinen Gefühlen zu vertrauen und ihnen unverzüglich Handlungen folgen zu lassen. Bitte die Engel, dich zu beschützen und zu führen, was sie mittels deiner intuitiven Empfindungen tun.

Während du anderen Readings oder Heilung gibst, wisse, dass du unmöglich daran gehindert werden kannst, himmlische Führung zu empfangen. Du fühlst und denkst ununterbrochen, und dies sind die beiden wichtigsten Kanäle, durch die die Engel dir Botschaften für deine Klienten zukommen lassen. Sage deinen Klienten im Laufe der Session, was du fühlst und denkst, da diese Botschaften weitergegeben werden müssen.

Handlungsschritte

Achte auf jegliche Anspannung in deinem Körper; sie ist ein Signal, dass deine Muskeln auf die Energien deiner Gedanken und Emotionen reagieren (oder die anderer Personen). Schließe deine Augen und visualisiere eine Konversation mit einer angespannten Muskelpartie in deinem Körper. Frage die Muskeln: „Warum seid ihr angespannt?“ Lausche auf die Antwort, die als Gedanke, Gefühl oder sogar Worte oder Visionen zu dir kommt. Dein Körper wird dir sagen, wie er auf deinen Job, deine Beziehungen, Freunde und andere Bereiche deines Lebens reagiert. Vertraue der unfehlbaren Weisheit deines Körpers!

Indigo

Die Person, der deine Frage gilt,
ist ein „Indigo“, hochsensitiv
und ein geborener Führer/in.

In Bezug auf deine Frage ist es wichtig, dass du die Natur der Indigos verstehst. Vielleicht bist du oder ein anderer, der an dieser Situation beteiligt ist, ein Indigo oder Elternteil eines Indigo-Kindes. Ein Indigo ist ein Individuum mit einem starken Willen und hoher Geistigkeit; er oder sie verfügt über ausgeprägte persönliche Glaubenssätze hinsichtlich wichtiger Veränderungen und Verbesserungen in der Welt. Manche Indigos verfügen über ein feuriges, zuweilen zu Wutausbrüchen neigendes Temperament, was sie veranlasst, ihre

Aktivisten-Kampagnen furchtlos voranzutreiben. Vielleicht hast du diese Karte als Ruf des Himmels erhalten, den Indigos zu helfen, ihre spirituellen Gaben und Missionen lebendig zu erhalten. Viele dieser Individuen werden missverstanden, oder man drückt ihnen aufgrund ihrer lichtgeschwindigkeitsschnellen Denkweise und intuitiven Sensitivität fälschlicherweise Label wie zum Beispiel ADS (Aufmerksamkeitsdefizit-Syndrom) auf. Sie können dazu beitragen, dass Indigos hohe Selbstachtung und ein Gespür für die ihnen gemäße Richtung beibehalten, damit sie ihre angeborenen Talente benutzen können, um uns allen zu helfen.

Handlungsschritte

Erzengel Metatron wacht über die Indigo-Generation, daher ist es am besten, wenn du dich um Hilfe bei Problemen, die mit Indigo-Kindern und -Erwachsenen zu tun haben, an ihn wendest. Nimm dir ein paar Minuten Zeit, deinen Körper und Geist zu beruhigen, vielleicht indem du deine Augen schließt und einige tiefe Atemzüge nimmst. Dann stelle innerlich Erzengel Metatron jegliche Fragen, die du bezüglich Kindern im Allgemeinen hast; oder über ein spezielles Kind; oder einen

Menschen, der Indigo-Qualitäten wie ausgeprägte Sensitivität, einen starken Willen und Sorge um die Erde zum Ausdruck bringt. Bitte Erzengel Metatron um Führung bei diesem Thema und um eine gottgegebene Aufgabe, mit der du der Indigo-Generation helfen kannst.

Integrität

Handle entsprechend deiner Wertvorstellungen und deines inneren Wissens darüber, was für dich richtig ist.

Diese Karte ist eine Antwort auf deine Fragen oder Gebete hinsichtlich größeren Glücks und Selbstvertrauens. Die Antwort der Engel lautet: Tue nur Dinge, von denen du glaubst, dass sie richtig sind. Eine solche Handlungsweise basiert nicht auf dem Verhaltenskodex anderer Menschen, sondern ausschließlich auf deinem eigenen.

Die Engel sagen, dass Verhaltensweisen, die Schuldgefühle nach sich ziehen oder deren du dich schämst, deine Selbstachtung und dein Selbstvertrauen untergraben. Wenn du jedoch im umgekehrten Fall nur das tust, von dem du fühlst, dass es richtig ist, werden sowohl deine Selbstachtung als auch dein Selbstvertrauen gestärkt. Auch in diesem Fall basiert wieder alles auf deinem eigenen moralischen Kompass und hat nichts mit dem Kodex anderer Menschen zu tun.

Die Engel können dir helfen, jede Situation oder Beziehung zu ändern oder zu heilen, damit du in der Lage bist, dein ganzes Leben gemäß deiner inneren Wahrheit zu führen.

Handlungsschritte

Lege dich bequem hin und meditiere in Form von „Tagträumen" – das heißt erlaube deiner Imagination, sich frei zu entfalten. Fordere deinen Geist, dein Herz und deine Seele auf, dir einen mentalen Film deines Lebens in seiner gesündesten und höchsten Form zu zeigen. Schau dir diesen Film an und achte darauf, welche Gefühle er in dir auslöst. Dann sage:

> *„Erzengel Michael, ich bitte dich, mir zu helfen, mein Leben und meine täglichen Aktivitäten so auszurichten, dass ich voller Überzeugung nur Dinge tue und sage, die mein höheres Selbst widerspiegeln. Bitte hilf mir, alle Verhaltens-*

weisen, Angewohnheiten oder Aktionen aufzugeben, die in der Vergangenheit zu Schuldgefühlen geführt oder deren ich mich geschämt habe; und ersetze sie durch Aktivitäten, die mir ein gutes Gefühl schenken."

Kehl-Chakra

Die Engel helfen dir auf liebevolle Weise,
deine Wahrheit zum Ausdruck zu bringen.

Die Engel haben dir diese Karte aufgrund wichtiger Botschaften geschickt, die du zum Ausdruck bringen musst, entweder verbal oder in schriftlicher Form. Du wirst ermutigt, dir selbst und anderen gegenüber zu deiner Wahrheit zu stehen. Gestehe dir deine wahren Gefühle ein sowie jegliche Erkenntnisse, die dir zuteil wurden. Halte diese Ideen, Gedanken und Inspirationen schriftlich fest.

Das Kehl-Chakra ist das Energiezentrum im Hals; es regiert Sprache, Schreiben und kreativen Ausdruck. Wenn du deine Wahrheit aus Angst vor Missbilligung oder Ablehnung unterdrückst, zieht sich dein Kehl-Chakra zusammen und verdunkelt sich. Auch vergangene Erfahrungen (in diesem oder einem vergangenen Leben) der Bestrafung, weil du deine Wahrheit gesagt hast, können dieses Energiezentrum verschließen.

Glücklicherweise arbeiten die Engel daran, deinen Selbstausdruck freizusetzen, indem sie dir und deinem Kehl-Chakra reines göttliches Licht und Liebe senden. Bitte die Engel, dir zu helfen, liebevoll deine Wahrheit zu äußern und dich zu behaupten, und sie werden deine Worte mit Schwung und Humor führen.

Handlungsschritte

Erzengel Gabriel ist der Boten-Engel, der dir hilft, beredt, ehrlich und liebevoll deine Gedanken und Gefühle in Worte zu fassen. Nimm dir einen Moment Zeit, um dich zu zentrieren, und sage dann:

„Erzengel Gabriel, ich rufe dich jetzt herbei. Danke, dass du mich führst, während ich meine innere Wahrheit und Weisheit zum Ausdruck bringe. Ich bitte dich, bei allem, was ich sage, über mich zu wachen, damit ich meine inneren Botschaften klar vermitteln kann."

Kläre deine Energie

Bitte die Engel, alle toxischen Energien zu beseitigen, die du vielleicht absorbiert hast.

Diese Karte kommt zu dir, weil die Engel sehen, dass du niedere Energien mit dir herumträgst. Aufgrund deiner hohen Sensitivität und deines ausgeprägten Mitgefühls kann es sein, dass du diese Negativität von den Ängsten anderer Menschen übernommen hast (siehe auch die „Schütze dich"-Karte, um zu erfahren, wie du dich vor dieser Tendenz schützen kannst). Möglich ist auch, dass diese toxischen Energien ein Resultat deiner eigenen vergangenen Ängste sind. Unabhängig von ihrer materiellen Quelle wollen die Engel dir helfen, dein Energiefeld zu klären.

Es ist eine gute Idee, immer dann um himmlische Klärung zu bitten, wenn du dich schwierigen Situationen ausgesetzt siehst, in denen Streit herrscht, ausgeprägte Rivalität, Gewalt oder Drogenmissbrauch. Als hoch empfindsamer Lichtarbeiter absorbierst du manchmal unbewusst und in dem wohlgemeinten Wunsch, helfen zu wollen, die schmerzhafte Energie anderer (doch solltest du die Engel bitten, von jetzt an diesen Schmerz zu übernehmen, da sie in der Lage sind, mit seinem radioaktiven Gift umzugehen, ohne sich selbst zu schaden). Bist du bereit? Dann folge den unten beschriebenen Handlungsschritten.

Handlungsschritte

Lege oder setze dich bequem hin, sodass dein Rücken frei bleibt (zum Beispiel kannst du dich auf die Seite legen, auf den Bauch oder dich gerade hinsetzen, ohne dich anzulehnen). Dann nimm einige tiefe Atemzüge und sage innerlich oder mit lauter Stimme:

> *„Erzengel Michael, ich rufe dich jetzt herbei. Bitte benutze deinen heiligen Heilungsmagneten und ziehe alle Energien der Angst, Wut oder Eifersucht aus*

meinem Rücken, Nacken und Schultern. Bitte hilf mir, Mitgefühl mit jenen zu empfinden, die mir vielleicht niedere Energien geschickt haben, damit auch sie durch göttliche Liebe geheilt werden. Danke, dass du toxische, angstbasierte Energien und Wesenheiten aus mir und meiner Umgebung entfernst."

Die Kraft der Manifestation

Benutze deine spirituellen Talente und naturgegebenen Fähigkeiten, um das von dir erwünschte Resultat herbeizuführen.

Du hast die nötige Kraft! Mit dieser Karte erinnern dich die Engel an deine innewohnenden spirituellen Fähigkeiten. Vielleicht hast du über etwas geklagt oder dich wie ein Opfer gefühlt, das unter dem Einfluss des Willens einer anderen Person stand. Diese Karte ruft dir in Erinnerung zurück, dass du die Macht hast, alles in deinem Leben zu ändern, indem du deine natürlichen spirituellen Talente der Manifestation nutzt.

Wenn du klagst und dich beschwerst, gibst du damit anderen deine Macht. Klagen sind darüber hinaus negative Affirmationen, die noch mehr dieser unerwünschten Wirkungen anziehen. Die Engel möchten, dass du die alte Gewohnheit des Klagens durch eine gesündere Reaktion ersetzt, indem du das von dir gewünschte Resultat visualisierst und daran glaubst. Es funktioniert!

Handlungsschritte

Denke an eine Situation, die du verbessern möchtest, und schreibe, zeichne oder fertige eine Collage an, die das bevorzugte Szenario darstellt. Betrachte diese Beschreibung deiner Wünsche täglich und sorge dich nicht darüber, wie" sie sich manifestieren werden. Jedes Mal, wenn du merkst, dass du dir Sorgen machst oder an deinen Manifestationsfähigkeiten zweifelst, sage:

„Erzengel Jophiel, Engel der Schönheit, bitte verschönere meine Gedanken bezüglich meiner Wünsche, damit sie ausschließlich auf Liebe beruhen."

Kraft-Tier

Dein geistiger Tierführer
schützt dich
und hilft dir in dieser Situation.

Durch diese Karte wirst du aufgefordert, mit Tieren zusammenzuarbeiten – sowohl physischen als auch geistigen –, daher versuchen sie, dich zu erreichen und mit dir zu kommunizieren. Um diese wohlwollenden Wesen hören zu können, wirst du vorurteilsfrei mit deinem Herzen und innerem Ohr hinhören müssen. Sobald du dein Herz öffnest, wirst du ihre liebevollen Stimmen und Botschaften klar vernehmen können.

Darüber hinaus hast du bestimmte Tiere als Führer an deiner Seite, zu denen auch ein geliebtes Haustier gehören kann. Diese „Kraft-Tiere“ sind wie Engel, die eng verbunden sind mit der Erde.

Handlungsschritte

Gehe an einen Ort, wo es Bäume oder Pflanzen gibt, damit die Natur dir bei deinem Wunsch helfen kann, deinem Kraft-Tier zu begegnen. Dann schließe die Augen und nimm ein paar tiefe Atemzüge mit der Intention, Kontakt zu dem Tier aufzunehmen, das als dein Geistführer dient. Stell dir vor, wie du in einem Zauberwald nach deinem Kraft-Tier rufst, ohne zu spezifizieren, welche Art von Tier du erwartest. Lass zu, dass du das entsprechende Tier siehst und erkennst, und stelle dann diesem spirituellen Wesen jegliche Frage, die du beantwortet haben möchtest – vor allem über deine Beziehung zur Natur und Umwelt.

Kristalle

Die Energie der Kristalle unterstützt dich und hilft dir in deiner gegenwärtigen Situation.

Diese Karte hält eine doppelte Bedeutung in Bezug auf den Begriff Kristall bereit. Ob eine oder beide Bedeutungen auf dich zutreffen, wirst du an deiner inneren Reaktion merken, während du diese Worte liest.

Zunächst einmal repräsentiert diese Karte die Kristalle des Königreichs der Mineralien. Diese machtvollen Wesen strahlen Energie aus, transformieren und verstärken sie. Klarer Quarz zum Beispiel kann deine hellsichtigen Fähigkeiten intensivieren; schwarzer Obsidian ist ein effektiver Beschützer; Rosenquarz öffnet dein Herz der Liebe; lila Amethyst erhöht deine geistigen Schwingungen. Diese Karte bittet dich, entsprechend deiner inneren Führung mit Kristallenergie zu arbeiten: entweder allein, mithilfe eines Kristalltherapeuten oder indem du Kristallheilungen für andere vornimmst.

Die zweite Bedeutung bezieht sich auf Menschen, die als „kristallin" bezeichnet werden – das heißt Personen, die stille und sensitive Übermittler heilender Energien sind. Die meisten „menschlichen" Kristalle sind kleine Kinder, daher könnte diese Karte darauf hinweisen, dass du Elternteil eines Kristallkindes bist oder mit einem solchen Kind arbeitest. Vielleicht hast du auch selbst kristalline Eigenschaften – vor allem wenn du ein sanfter, mitfühlender Mensch und Naturliebhaber bist.

Handlungsschritte

Gehe in einen Laden, wo man Kristalle kaufen kann, und zentriere dich durch Beten. Gehe schweigend um all die kostbaren Steine herum und achte darauf, von welchen du dich visuell und emotional angezogen fühlst. Fahre mit deiner Hand über jeden Kristall und stelle fest, ob seine Energie eine Wirkung auf dich hat. Wenn ein bestimmter Stein deine Aufmerksamkeit weckt, bitte ihn innerlich, dir eine Botschaft zu geben und dir reine, heilende Energie zu senden.

Kronen-Chakra

Achte auf deine Ideen,
da sie Botschaften wahrer
göttlicher Führung sind,
geschickt als Antwort auf deine Gebete.

Mit dieser Karte wollen die Engel dich bitten, den Ideen zu vertrauen und zu folgen, die du in letzter Zeit empfangen hast, da es sich dabei um Antworten auf deine Fragen bezüglich deiner gegenwärtigen Situation handelt. Sowohl die Wahrheit als auch die am besten geeigneten Schritte sind dir bereits bekannt. Vertraue diesem inneren Wissen und setz dieses Wissen in die Tat um. Wenn du deine Ideen würdigst, reagiert das Universum und schickt dir zusätzliche Unterstützung, während du positive Veränderungen in deinem Leben vornimmst.

Darüber hinaus ist diese Karte eine liebevolle Aufforderung, dein Kronen-Chakra (oder Energiezentrum) zu klären, das deine Fähigkeit regiert, die kollektive Weisheit des Universums anzuzapfen. Dein Kronen-Chakra kann blockiert werden, wenn du deine inneren Gedanken und Intuitionen als Wunschdenken oder allgemeines Wissen abtust. Vergiss nicht, dass alle genialen Ideen als Tagträume beginnen, die sich in wundervolle Erfindungen verwandeln.

Handlungsschritte

Erzengel Uriel (dessen Name „Er, der göttliches Licht ist" bedeutet) ist der Engel göttlicher Weisheit und göttlichen Wissens. Setz dich still hin und sage innerlich oder mit lauter Stimme:

„Erzengel Uriel, ich rufe dich jetzt an, damit du mein Kronen-Chakra reinigst und ins Gleichgewicht bringst. Ich bitte dich, meinen Glauben und mein Vertrauen in die Ideen zu stärken, die zu mir kommen. Hilf mir, meine göttlich geführten Ideen nach bestem Wissen und Gewissen in die Tat umzusetzen."

Loslassen

Arbeite mit Erzengel Michael zusammen,
um alles loszulassen,
was nicht länger dir
oder deiner Lebensaufgabe dient.

Erzengel Michael schickt dir diese Karte als Antwort auf deine Fragen bezüglich deiner gottgewollten Lebensaufgabe. Vielleicht hast du eine Ahnung, was es ist, wagst jedoch nicht, entsprechende Schritte zu unternehmen. Oder vielleicht fühlst du dich blockiert und verstehst deine Lebensaufgabe nicht. Diese Ängste und Bedenken haben Michaels Hilfe hervorgerufen, und die Botschaft, die er dir durch diese Karte zukommen lässt.

Dein höheres Selbst ist sich deiner göttlichen Aufgabe total bewusst und bereit, diesen Weg zu beschreiten. Zudem ist dein höheres Selbst an den universalen Fluss der Unterstützung angeschlossen, die dir und deiner Aufgabe zur Verfügung steht. Um deinen naturgegebenen Zustand zu erreichen, wird Michael dir dabei helfen, alles loszulassen, was dir im Weg stehen könnte, wie beispielsweise Sorgen und Aktivitäten, die auf dem Ego basieren.

Handlungsschritte

Nimm zwei oder drei Blatt Papier und einen Stift (oder setz dich an deinen Computer).

Atme ein paar Mal tief durch und entspanne deine Muskeln. Dann schreibe oben auf die Seite die Frage: „Erzengel Michael, was muss ich loslassen, um mich ganz auf den richtigen Weg zu begeben und meine Lebensaufgabe zu erfüllen?“ Notiere alles, was dir in den Sinn kommt, einschließlich deiner Gedanken, Gefühle, Visionen oder Worte. Es kann sein, dass dein Stift oder deine Finger auf der Tastatur wie von allein schreiben, eine völlig gefahrlose und normale Art beim Kontakt mit Michaels liebevoller Energie. Halte alles schriftlich fest, was du empfängst, selbst wenn du die Bedeutung nicht verstehst. Dann nimm das Blatt Papier (oder drucke die Seite vom Computer aus) und vernichte es in einer kleinen Zeremonie, indem du es verbrennst, in Wasser tauchst oder in Erde vergräbst, während du deklarierst: „Ich lasse jetzt alles total los, was nicht meinem höchsten Gut dient.“

Mediale Fähigkeiten

Du hast die natürliche Fähigkeit, Kontakt mit lieben Verstorbenen aufzunehmen.

Diese Karte ist ein Zeichen, dass du in Kontakt bist mit einem oder mehreren deiner Lieben im Himmel. Die Engel bitten dich, deinen Gefühlen, Gedanken und Visionen über diese spirituellen Verbindungen zu vertrauen, da sie real sind. Dieser Kontakt ist sehr heilend sowohl für dich selbst als auch für andere, da er liebevolle, Frieden spendende Botschaften aus dem Jenseits übermittelt. Vielleicht wirst du für dich oder jemand anderen, dem diese mitfühlenden Worte Erleichterung und Segen bringen, eine Botschaft fühlen oder hören, die besagt: „Ich liebe dich“, „Mir geht es gut“, Ich bin stolz auf dich“ oder „Ich entschuldige mich“.

Zudem magst du berufen sein, als Medium für andere Menschen tätig zu werden, entweder privat oder öffentlich. Vertraue diesem Ruf, da es sich dabei um eine ehrenvolle Mission handelt, die Tausenden von Menschen auf beiden Ebenen des Seins Hilfe und Erleichterung bringt. Die Engel wissen, wessen Arbeit auf Integrität und reinen Motiven beruht, und sie rufen diese Individuen auf, tätig zu werden ... und begleiten sie auf jedem Schritt ihres Weges mit Hilfe, Führung und Schutz.

Handlungsschritte

Gehe an einen stillen Ort, wo du nicht gestört wirst, nimm ein Blatt Papier und einen Stift und beginne ein Gespräch mit einem lieben Verstorbenen. Bitte zunächst Erzengel Michael, diesen Austausch zu überwachen, da er der Engel des Schutzes ist und dafür sorgen wird, dass du tatsächlich mit der beabsichtigten Person sprichst. Als Nächstes schreibe deinem lieben Verstorbenen, so als würdest du mit ihm reden. Notiere alles, was der Betreffende sagt und was du als physische oder mentale Eindrücke empfängst, kombiniert mit Visionen und Worten, die du mit deinem inneren Ohr hörst. Vergiss nicht, Erzengel Michael jederzeit um Hilfe zu bitten, wenn du sie brauchst. Nach der Konversation achte darauf, der Seele des Verstorbenen und Erzengel Michael für das Erlebnis zu danken.

Ohr-Chakras

Achte auf Botschaften, die als Geräusche, Musik und Worte kommen, sowohl von außen als auch aus deinem Inneren. Diese Botschaften sind göttliche Antworten auf deine Gebete.

Du hast diese Karte bekommen, weil die Engel versuchen, deine Aufmerksamkeit zu wecken. Sie haben deine Gebete gehört und lassen dir Informationen und Instruktionen zukommen, damit du entsprechende Schritte vornehmen kannst. Du hörst die Botschaften der Engel auf verschiedene Weise: durch sich wiederholende Musikstücke, ein überhörtes Gespräch, die unerwartete Bestätigung eines Fremden oder Worte, die du in deinem Inneren hörst. Die Botschaften der Engel sind immer liebevoll, positiv, vertrauenswürdig und konstruktiv.

Handlungsschritte

An einem ruhigen Ort, wo du nicht gestört wirst, sage Erzengel Michael die folgenden Worte:

„Ich bitte dich jetzt, die niederen Energien in meinen physischen Ohren oder meinem Ohr-Chakra zu beseitigen. Ich bin bereit, alles Schmerzhafte, was ich je gehört habe, loszulassen im Austausch für die klare Fähigkeit, die Stimme der Liebe und der Engel zu hören."

Probleme aus früheren Leben

Die Situation ist auf ein früheres Leben zurückzuführen. Bitte deine Engel, dir zu helfen, dich an deine vergangenen Erfahrungen zu erinnern, aus ihnen zu lernen und sie geheilt loszulassen.

Du hast diese Karte gezogen, weil Erfahrungen und Emotionen aus einem deiner früheren Leben sich auf die Situation auswirken, der deine Frage gilt. Du hast aus jener Inkarnation viel Weisheit gewonnen; erlaube dieser Weisheit, dich in deiner gegenwärtigen Situation zu führen, indem du deinen Bauchgefühlen und Ahnungen vertraust. Diese intuitiven Impulse resultieren aus dem

Wissen, das du in einem früheren Leben erlangt hast – vertraue darauf!

Personen aus deiner vergangenen Inkarnation werden sich dir in diesem Leben zu erkennen geben. Dazu gehört ein Seelengefährte/Seelengefährtin und Familienmitglieder, die alle karmisch mit dir verbunden sind. Es kann sein, dass diese Beziehungen in der Vergangenheit schmerzhaft waren, doch jetzt hast du die Gelegenheit, dieses Karma auszugleichen und den Kreislauf der Reinkarnation zu beenden, solltest du dies wünschen.

Handlungsschritte

Erzengel Raziel (dessen Name so viel wie „Geheimnisse Gottes bedeutet) hilft dir, die Erinnerungen an deine vergangenen Inkarnationen zu verstehen, zu verarbeiten und zu heilen. Begib dich an einen ruhigen Ort und sage laut oder leise:

> *„Erzengel Raziel, ich rufe dich jetzt herbei. Bitte hilf mir (beschreibe deine gegenwärtige Frage oder Situation) zu verstehen, indem du mich durch meine vergangenen Erfahrungen und Beziehungen führst und sie heilst. Ich bitte dich, mir zu helfen, jegliches Karma mit allen*

Personen, die an dieser Situation beteiligt sind, auszugleichen, in alle Richtungen der Zeit. Raziel, bitte hilf mir, jeglichen alten Schmerz aufzudecken, zu heilen und loszulassen ... jetzt und immer. Danke."

Sakral-Chakra

Du bist momentan extrem sensitiv gegen Chemikalien, Zusatzstoffe in Nahrungsmitteln und Energien allgemein. Respektiere deine Sensitivität und vermeide negative Dinge, Situationen und Beziehungen.

Die Engel haben dir diese Karte geschickt, weil sie möchten, dass du die hohe Sensitivität deines Körpers verstehst. Als extrem empfindsamer Mensch kann es dir passieren, dass du zuweilen Verwirrung oder Taubheit erlebst, die es dir ermöglichen, mit überwältigenden physischen Empfindungen umzugehen. Vielleicht wirst du sogar versuchen, dich mit chemischen Stoffen,

Nahrungsmitteln oder anderen süchtig machenden Substanzen zu betäuben, um dich vor harschen Energien zu schützen.

Diese Karte enthält eine deutliche Botschaft und bittet dich, auf gesündere Art mit deinen Sensitivitäten umzugehen. Die Engel wollen dir helfen, dich von Chemikalien und toxischen Substanzen in Nahrungsmitteln zu entgiften. Darüber hinaus führen sie dich weg von unangenehmen Situationen und Beziehungen, daher lass diese Veränderungen zu.

Das Sakral-Chakra ist das zweite Energiezentrum im Körper und befindet sich zwischen Steißbein und Bauchnabel. Um dieses Chakra im Gleichgewicht zu halten, visualisiere es in strahlendem, klarem Orange.

Handlungsschritte

Ziehe dich an einen stillen Ort zurück und sage entweder innerlich oder mit lauter Stimme:

„Erzengel Raphael und Michael, bitte kommt zu mir. Ich bitte euch, meinen mentalen, energetischen, emotionalen und physischen Körper jetzt zu entgiften. Danke."

Atme tief ein und aus, während die Erzengel damit beschäftigt sind, dich zu klären (vielleicht empfindest du dabei ein leichtes Erschauern oder Kribbeln, ein positives Zeichen, dass der Vorgang erfolgreich ist.) Wenn dein Körper sich wieder beruhigt hat, sage:

„Danke, Ihr Erzengel, für diese Hilfe.
Ich bitte euch, mir zu helfen, geerdet
und beschützt zu bleiben von der Liebe
und dem Licht Gottes.“

Dieses Gebet wird das Verlangen nach Chemikalien reduzieren, da der Zweck, den diese Dinge vorher bei dir erfüllt haben, jetzt metaphysisch geheilt ist.

Schütze dich

Schütze dich vor harschen oder angstbasierten Energien, indem du einen Kokon heilenden Lichts visualisierst, der dich umgibt.

Die Engel haben dir diese Karte aufgrund deiner erhöhten Sensitivität gegen Energien geschickt. Diese Sensitivität bedeutet, dass du vielleicht negative Energien anderer Menschen aufgenommen hast, was zur Folge haben kann, dass du dich müde, unkonzentriert oder elend fühlst. Ebenso wie du nicht ohne Regenschirm in den Regen hinausgehen würdest, ist es wichtig, dass du bei einem emotionalen Unwetter einen Energie-Schirm benutzt.

Wenn du negative Energie spürst – oder wenn Menschen sich streiten, eifersüchtig sind oder verletzende Worte benutzen –, solltest du dich unbedingt selbst schützen. Das bedeutet, dir eine Hülle schützenden Lichts vorzustellen, die deinen ganzen Körper von Kopf bis Fuß umgibt. Außerdem kannst du Erzengel Michael bitten, dich vor niederen Energien zu schützen, und du hast sogar die Möglichkeit, seinen Schutzschild als schützenden Puffer „auszuleihen".

Handlungsschritte

Visualisiere, wie du von einer oder mehreren der folgenden Farben umgeben bist (du kannst auch, für multiple Zwecke, verschiedene Farben aufeinanderschichten, wie zum Beispiel für allgemeinen Schutz ein weißes Licht nahe an deinem Körper, gefolgt von einer zweiten Schicht grünen Lichts für Heilung und überlagert von einer dritten Schicht violetten Lichts für spirituellen Schutz):

Blau: verbessert Kommunikation und Klarheit
Grün: Heilung und Schutz für die Gesundheit
Pink: Unbeschwertheit und Liebesbeziehungen
Violett: spiritueller Schutz (Schutz vor außersinnlichen Attacken)

Weiß: allgemeiner Schutz

Die Licht-Schilde behalten ungefähr 12 Stunden ihre Wirksamkeit bei, in schwierigen Situationen auch weniger, daher frische sie des Öfteren durch Visualisierung auf.

Sei bereit zu vergeben

Bitte die Engel, deinen Geist und deinen Körper von vergangenem Schmerz zu heilen und ihn durch inneren Frieden zu ersetzen.

Die Engel wollen dir beim Thema deiner Frage helfen, indem sie dich liebevoll drängen, alle aus vergangenen Erfahrungen und Beziehungen resultierende Wut zu heilen. Diese alte Wut ist sowohl zu einem unüberwindlichen Hindernis geworden, was die Erfüllung deiner Wünsche betrifft, als auch zu einem Magneten, der dich immer wieder in ähnliche Situationen zieht. Diese Botschaft ist sehr wichtig für dich, und das Einzige, was von dir gefordert wird, ist ein wenig Bereitschaft zur Vergebung.

Du musst nicht die Taten vergeben, die dir in der Vergangenheit widerfahren sind. Du musst lediglich bereit sein, den Engeln zu erlauben, dir bei der Beseitigung toxischer Gefühle des Nichtverzeihens zu helfen. Zu den segensreichen Folgen des Vergebens gehören innerer Frieden, frische Energie und die erneute Fähigkeit, dich zu fokussieren.

Handlungsschritte

An einem stillen Ort oder vor dem Einschlafen sage die folgenden Worte entweder mit lauter Stimme oder innerlich (die Engel hören deine Gedanken):

> *„Erzengel Raphael, ich rufe dich jetzt an. Ich bin bereit, (Name der Person, Organisation oder Situation) zu vergeben und alle aufgespeicherte Wut aus meinem physischen, mentalen und emotionalen Körper loszulassen. Ich bin bereit, jeglichen Schmerz für inneren Frieden einzutauschen."*

Dann atme tief ein und aus, was dich befähigt, offen zu werden für Raphaels liebevollen und machtvollen Reinigungsprozess. Wiederhole diese Schritte, wann immer du merkst, dass du dich in Gefühlen wie Wut, Ablehnung oder Bitterkeit verlierst.

Seminare und Lehrgänge

An Seminaren und Lehrgängen teilzunehmen und sie zu leiten ist Teil deiner Lebensaufgabe und deines spirituellen Weges. Sei bereit, zu lehren und zu lernen.

Die Engel haben dir intuitive Botschaften gesandt mit der Aufforderung, an Seminaren und Lehrgängen sowohl teilzunehmen als auch sie zu leiten. Sie haben dir diese Orakelkarte geschickt, um zu bestätigen, dass du wirklich die Botschaften deiner Engel bezüglich dieses Themas hörst.

Wenn du davon geträumt hast, ein Seminar zu geben oder einen Vortrag zu halten, werden die Engel dich durch diesen Prozess führen. Übergib ihnen alle diesbezüglichen Sorgen, Ängste, Gedanken oder Fragen und höre dann auf ihre Antworten, die als Ideen und Gefühle zu dir kommen. Die Engel werden dir helfen, den richtigen Veranstaltungsort, das geeignete Thema und interessierte Teilnehmer und Zuhörer zu finden. Du musst nichts anderes tun, als ihrer Führung zu folgen.

Darüber hinaus wirst du angeleitet, an Seminaren teilzunehmen, um deinen spirituellen Weg und deine geistige Entwicklung zu fördern. Melde dich für Kurse an, zu denen du dich hingezogen fühlst, und bitte Erzengel Raphael, dich in dieser Hinsicht voll zu unterstützen – dazu gehören Kursgebühren, Kosten für Reise und Unterkunft, Urlaub, Babysitter-Arrangements und so weiter. Der Weg ist für dich bereitet, mittels Seminaren und Vorträgen Kraft zu geben und zu empfangen. Genieße es!

Handlungsschritte

Visualisiere dich selbst, wie du einer Gruppe aufgeschlossener Teilnehmer, die dich wohlwollend anlächeln, ein Seminar gibst. Fühle, wie du voller Selbstvertrauen göttliche Information empfängst, die du deinen Seminarteilnehmern und Zuhörern weitergibst. Fahre mit dieser Visualisierung fort, indem du weitere positive Einzelheiten siehst und fühlst. Wenn du das Gefühl hast, der Vorgang sei abgeschlossen, sage innerlich oder mit lauter Stimme:

„Danke, Universum, für meine wunderbaren Erfahrungen bei Seminaren, deren Teilnehmer Segnungen empfangen aus den Lehren, die durch mich an sie weitergegeben werden."

Singen und Tanzen

Drücke dein innerstes Wesen aus und wecke alle deine Sinne durch die magische Kraft von Musik und Bewegung.

Die Engel schicken dir diese Karte, weil sie dein Bedürfnis nach Kreativität und Ausgleich zwischen Arbeit und Spiel sehen. Singen und Tanzen sind machtvolle Möglichkeiten, deine kreativen Kanäle zu öffnen und die köstliche Freiheit des Selbstausdrucks zu genießen. Mit diesen Aktivitäten wirst du verborgene Talente entdecken und deinem Selbstvertrauen neuen Auftrieb geben. Da musikalischer Ausdruck das Mittel deiner Seele ist, sich mit der physischen Ebene zu verbinden, wirst du darüber hinaus ein umfassenderes Gespür für die Göttlichkeit in deinem Inneren erlangen. Viele Frauen entdecken durch künstlerische Formen des Tanzes, wie zum Beispiel Bauch- oder Hula-Tanz, ihre innere Göttin.

Handlungsschritte

Dimme in einem Raum, in dem du nicht gestört wirst, das Licht und lege deine Lieblingsmusik auf. Wiege dich im Takt der Musik und erlaube dir, dich so zu bewegen, wie es dir gefällt. Lass dich von deinem Körper führen, ohne deine Bewegungen zu planen oder über sie nachzudenken. Singe lauthals mit, wenn du magst, während du es genießt, frei und ungehindert durch den Raum zu tanzen.

Solarplexus-Chakra

*Du bist machtvoll und in der Lage,
auf positive Weise die Kontrolle
über dein Leben zu übernehmen.*

Diese Karte kommt zu dir, weil die Engel dir bei Problemen hinsichtlich Macht und Kontrolle helfen möchten. Zunächst wollen sie dir versichern, dass du tatsächlich machtvoll bist. Du, der du nach dem Bildnis deines Schöpfers geschaffen wurdest, besitzt auch seine Fähigkeiten, unter anderem Macht. Es spielt keine Rolle, ob du es fühlst oder ob du Angst vor deiner inneren Kraft hast – Tatsache ist: Du bist machtvoll.

Zweitens kannst du ohne Angst deine Macht auf liebevolle Weise benutzen. Die Engel würden dir nicht erlauben, sie zu missbrauchen, und die Menschen, die dich wirklich lieben, werden deine inspirierenden Worte und Taten respektieren und ihnen Beifall zollen. Vergiss nicht, dass Macht nicht das Gleiche ist wie Aggression; vielmehr bedeutet sie, einfach total authentisch im Umgang mit dir selbst und anderen zu sein.

Zudem wollen die Engel dich daran erinnern, dass niemand dich kontrolliert oder jemals kontrollieren kann, wenn du es nicht erlaubst. Du hast immer die Wahl, und die Engel können dir helfen, entsprechende Entscheidungen zu treffen, wenn du sie darum bittest. Zudem werden sie dazu beitragen, dass du ein stärkeres Gefühl der Kontrolle über dein Leben und deine spirituellen Fähigkeiten erlangst.

Handlungsschritte

Lege dich an einem ruhigen Ort auf den Rücken und richte deinen Fokus auf die Gegend deines Solarplexus, das Energiezentrum hinter deinem Bauchnabel. Sag entweder innerlich oder mit lauter Stimme:

„Erzengel Michael, ich rufe dich jetzt an. Bitte durchtrenne jegliche Schnüre der Angst, die von meinem Solarplexus zu jeder anderen Person gehen, der ich meine Macht überlassen habe."

Staubsauge deine Ängste weg

Bitte die Erzengel Michael und Raphael, dich, deine Umgebung, die gegenwärtige Situation und jeden daran Beteiligten von angstbasierten Energien zu befreien.

Du hast diese Karte gewählt, weil du – oder jemand, der dir nahesteht – Energien der Angst absorbiert hast. Diese Energien können sowohl Folge deiner eigenen unheilvollen Ahnungen sein oder daher rühren, dass du mit Personen zusammen gewesen bist, die voller Angst waren.

Wann immer du dich erschöpft fühlst oder zu viele Aufputschmittel zu dir genommen hast (wie zum Beispiel in Kneipen oder Bars), nimm dir jetzt die Zeit, eventuelle negative Restenergien zu beseitigen. Du kannst diesen Vorgang jederzeit und überall durchführen, selbst wenn andere Menschen in der Nähe sind. Darüber hinaus kannst du diese „Staubsaug“-Methode auch für andere durchführen – egal, ob sie physisch präsent sind oder nicht (doch achte darauf, zuerst ihre verbale oder mentale Erlaubnis einzuholen).

Handlungsschritte

Um dich oder eine andere Person zu „staubsaugen“, sage einfach:

> *„Erzengel Michael und Raphael, ich bitte, dass ihr und eure Horde der Gnadenengel jetzt mit eurem spirituellen Staubsauger zu mir kommt. Bitte führt den Schlauch durch mein Kronen-Chakra in meinen Körper und saugt alle toxischen, auf Angst basierenden oder von negativen Wesenheiten herrührenden Ängste heraus. Danke.“*

Siehe und fühle den Saugschlauch, wie er vollständig von Kopf bis Fuß das Innere deines Körpers reinigt (einschließlich aller Organe, Muskeln und Knochen). Erschauern, leichtes Zittern, Kribbeln und andere physische Reaktionen sind ein normales und positives Zeichen, dass der Prozess funktioniert. Mach so lange weiter, bis dein Körper sich ruhig und entspannt anfühlt, und sage dann:

„Ich danke euch, Michael und Raphael, für diese Heilung. Bitte erfüllt meinen Körper jetzt mit eurem wie Diamanten strahlenden weißen Licht, um ihn zu heilen und zu schützen."

Streichen, Klären, Beseitigen

Benutze nur positive Worte und Gedanken,
da sie sich umgehend physisch manifestieren.
Bitte die Engel,
die Auswirkungen vergangenen
negativen Denkens zu streichen.

Hast du dir in letzter Zeit öfters Sorgen gemacht und geklagt? Empfindest du dich als Opfer äußerer Umstände oder anderer Menschen? Diese Karte zeigt an, dass du negative Affirmationen benutzt hast, um dich und deine Umstände zu beschreiben. Die Engel bitten dich, dir mehr dessen bewusst zu sein, was du sagst, denkst und schreibst. Deine in der Vergangenheit gewählten

Worte haben dich blockiert, doch zum Glück verschwindet diese Barriere, sobald du positive Worte wählst.

Vielleicht haben Koffein, Nikotin, Zucker oder andere Muntermacher dazu geführt, dass dein Verstand von Gedanken der Angst erfüllt ist. Die Engel können dir helfen, dein Verlangen nach Aufputschmitteln der verschiedensten Art zu reduzieren oder ganz aufzugeben. Dies wird deinen Geist beruhigen und klären, damit du bewusst Worte wählen kannst, die deine Wünsche beschreiben und nicht deine alten Ängste.

Handlungsschritte

Wenn du dich dabei ertappst, wie du etwas Negatives sagst (auch wenn es scherzhaft gemeint ist), halte inne und streiche mit den Fingern über dein Handgelenk, um die Energie deiner Worte von dir wegzuscheuchen. Dann sage: „Streichen, Klären, Beseitigen!", um die Auswirkungen negativer Affirmationen aufzuheben. Dies kann man vergleichen mit dem Neustarten deines Computers, indem du gleichzeitig die Ctrl-, Alt- und Delete-Taste drückst. Mit den Worten „Streichen, Klären, Beseitigen!" setzt du das Universum von deinen positiven Erwartungen für dich in Kenntnis. Auf diese Weise sorgst du dafür, dass alle früheren negativen Affirmationen sich nicht manifestieren, sondern durch deine neuen, strahlenden Intentionen ersetzt werden.

Vegetarier/Veganer

Frisches biodynamisches Obst und Gemüse verleihen dir einen Schub hoher Lebenskraftenergie, was deine spirituelle Frequenz erhöht.

Höchstwahrscheinlich hast du intuitiv diese Botschaft deiner Schutzengel gehört, die dich bitten, deinen Körper und spirituellen Weg zu würdigen, indem du ausschließlich hoch vibrierende Nahrungsmittel und Getränke zu dir nimmst. Das bedeutet, organische Lebensmittel zu essen und zu trinken, die frei sind von Toxinen wie Konservierungsstoffen und chemischen Zusätzen. Das Gesetz der Anziehung hat dich dahin geführt, nur Dinge zu konsumieren, die deinen spirituellen Weg reflektieren und unterstützen.

Die Engel können dein Verlangen nach ungesunden Nahrungsmitteln reduzieren, damit diese Veränderung in deiner Ernährungsweise angenehm und einfach verläuft (siehe die folgenden Handlungsschritte). Darüber hinaus können die Engel dir helfen, eventuelle Mehrkosten für biodynamische Produkte aufzubringen, wenn du sie speziell darum bittest.

Indem du mehr frisches Obst, Gemüse und Nüsse isst, wirst du sowohl größere psychische Klarheit als auch eine verstärkte Sensitivität für Energie erfahren. Achte darauf, dass du die Engel um Schutz bittest, sollte diese Sensitivität zu groß werden. Die Engel werden dich zu sanfteren Situationen und Beziehungen führen, damit du deine energetische Offenheit genießen kannst.

Handlungsschritte

Lege oder setze dich an einen ruhigen Ort, wo du ungestört sein kannst, und sage:

„Erzengel Raphael, ich rufe dich jetzt an. Ich bitte dich, meinen Appetit und mein Verlangen anzugleichen, damit ich nur noch biodynamische und gesunde

Nahrungsmittel und Getränke zu mir nehme. Ich bin jetzt bereit, jegliches Verlangen nach gesundheitsschädigenden Substanzen aufzugeben, und ich öffne meine Arme weit, um der Freude über meinen gesunden Körper Ausdruck zu geben. Bitte führe mich bei der Wahl meiner Nahrungsmittel, damit sie rein, von hoher Schwingung und der Energie göttlicher Lebenskraft erfüllt sind.“

Visualisiere Erfolg

Siehe dich selbst, wie du in dieser Situation erfolgreich bist, und vertraue auf ein positives Ergebnis.

Die Engel möchten dein Vertrauen stärken und dich von den Sorgen und Ängsten bezüglich dieser Situation befreien. Dazu gehört, dass du positive Visionen für dich selbst und andere an der Situation beteiligte Personen aufrecht hältst. Wenn du das Beste erwartest, inspirierst du damit das Beste in dir und anderen.

Die Situation, der deine Frage gilt, hängt von deinem Glauben an ein erfolgreiches Resultat ab – und deiner festen Vision davon. Zum Glück können die Engel dir helfen, an einer hohen und klaren Vision von Erfolg festzuhalten. Du musst sie nur um diese Hilfe bitten, und schon wird sie dir gewährt.

Handlungsschritte

Am einfachsten kannst du Erfolg visualisieren, wenn du einen „Brennpunkt" hast, das heißt etwas, auf das du deinen Blick richten kannst und das wie eine leere Leinwand fungiert, auf die du deine Visualisierungen malen kannst. Die Flamme einer weißen Kerze eignet sich besonders gut als Brennpunkt.

Entspanne dich, während du unverwandt in die Flamme schaust, und stell dir vor, wie gut es dir in der aktuellen Situation geht. Siehe und fühle jede der daran beteiligten Personen, wie sie lächeln, glücklich und erfüllt sind. Erlaube dir, dich in deinem Bauch, in deinem ganzen Körper und in deiner Seele sicher und beschützt zu fühlen. Überlasse jegliche Bedenken darüber, wie dieses positive Ergebnis zustande kommen wird, Gott und den Engeln. Um das „Wie" kümmert sich Gottes unendliche Weisheit und Liebe.

Zwillingsflamme

Zu der Antwort auf deine Frage gehört eine spirituell orientierte Liebesbeziehung.

Du hast diese Karte gezogen, weil deine Zwillingsseele untrennbar mit der Antwort auf deine Frage verbunden ist. Eine Zwillingsseele ist ein Liebespartner, der deiner spirituellen Seelengruppe zugehörig ist – das heißt, er oder sie ist „der/die Eine“ in Bezug auf die Beziehung mit einem Seelengefährten.

Häufig inkarnieren Zwillingsflammen gemeinsam für ihre letzte Lebenszeit auf der Erde – nachdem der Reinkarnationszyklus abgeschlossen und jegliches Karma ausgeglichen ist. Bis es so weit ist, inkarnieren Zwillingsflammen jedoch nicht gleichzeitig, sondern erklären sich stattdessen freiwillig bereit, einer als des anderen geistiger Führer zu fungieren. Es könnte also sein, dass deine Zwillingsflamme dich aus der Geistwelt führt und dir in jedem Bereich deines Lebens hilft, einschließlich der Beziehung mit einem Seelengefährten.

Handlungsschritte

Schreibe den Schutzengeln deiner Zwillingsflamme einen Brief. Beginne den Brief mit den Worten „Liebe Schutzengel meiner Zwillingsflamme" und verleihe dann all deinen Gefühlen, Gedanken und Fragen bezüglich deines Liebeslebens Ausdruck. Beende den Brief, indem du die Engel bittest, dich auf die Begegnung mit deiner Zwillingsflamme oder deinem Seelengefährten vorzubereiten und darüber hinaus diese Begegnung zu arrangieren. Du wirst deine Zwillingsflamme oder deinen Seelengefährten sofort erkennen, und wenn du diesem Menschen gegenüberstehst, wird es nicht den geringsten Zweifel in deinem Herzen und in deiner Seele geben, dass er/sie es ist.

Bestellinformation der Karten-Illustrationen

Sie können von vielen der Abbildungen im Engel-Therapie-Orakeldeck Drucke bestellen. Die Drucke gibt es in verschiedenen Größen, mit oder ohne die darauf befindlichen Worte. Um einen Druck zu kaufen, wenden Sie sich bitte direkt an den Künstler (Näheres siehe unten). Weder Ullstein Buchverlage GmbH noch Angel Therapy, Inc., noch Doreen Virtue übernehmen die Verantwortung für eventuelle geschäftliche Vereinbarungen zwischen Ihnen und den jeweiligen Künstlern.

Illustrationen von Wendy Andrew

Kartennamen: *Die Kraft der Manifestation, Sei bereit zu vergeben*

Wendy lebt, träumt und malt in der mystischen Landschaft Südenglands. Seit15 Jahren als professionelle Malerin tätig, ist ihre Arbeit international bekannt. Ihre Bilder sind inspiriert von alten Mysterien, eingehüllt in den Wandel der Jahreszeiten und getragen von der Stimme der Göttin, deren Flüstern in den Bereichen der Mystik zu vernehmen ist.

Kontaktinformation:
Website: www.paintingdreams.co.uk
E-Mail: info@paintingdreams.co.uk

***

Illustrationen von Audrey Rawlings Arena

Kartennamen: *Eltern, Kristalle, Ohr-Chakras, Probleme aus früheren Leben, Seminare und Lehrgänge, Singen und Tanzen, Visualisiere Erfolg*

Audreys Bilder sind realistische Fantasien, inspiriert von Renaissancejahrmärkten, ihrer Familie, ihren Haustieren und der Bibel. Ihr künstlerisches Lieblingsthema sind „Szenen des friedlichen Königreiches", und ihre Malereien exotischer Szenen, Tiere und menschlicher Wesen in einer traumhaften Umgebung reflektieren dies. Audrey nimmt regelmäßig an Harley-Davidson-Treffen teil und bemalt Motorräder, Leinwände und mehr.

Kontaktinformation:
Website: www.fantasyartbyaudrey.com

***

Illustration von T.C. Chiu

Kartenname: *Höre auf deine intuitiven Gefühle*

T.C. wurde in China geboren und entwickelte bereits als Kind ein Interesse an Malerei. Später studierte er Kunst, zunächst im Fernen Osten und nach 1974 in Amerika. Seine feine Malweise ist das Resultat der Kombination essentieller Qualitäten des traditionellen Realismus und zeitgenössischer Maltechniken.

Trotz seiner umfassenden Kenntnisse verschiedener Maltechniken ist er kontinuierlich bemüht, seine Meisterschaft im Bereich der Aquarell- und Ölmalerei sowie bei der Herstellung von Drucken zu vervollkommnen. Den weit gereisten Künstler Chiu inspirieren viele Themen. Ganz besonders jene, die seiner tiefen Ehrfurcht vor dem Frieden und der Schönheit der Natur entsprechen, wie sie in seinen Bildern reflektiert wird.

Kontaktinformation:
Website: www.cypressfineart.com

***

Illustration von Marty Grey

Kartenname: *Das Gesetz der Anziehung*

Martys Bilder enthüllen eine tiefe Ehrfurcht vor dem, was er in seiner Umgebung sieht. Leidenschaftlich und nach innen gerichtet, ein Mann mit einer künstlerischen Mission, malt er ausschließlich Dinge, die er aus eigener Anschauung kennt. Durch seine Ölgemälde hatte er die Möglichkeit, seinen Wunsch zu realisieren, so unterschiedliche Umgebungen wie den Südpazifik, Europa, das Mittelmeer, Indonesien wie auch seine Heimat Kalifornien zu dokumentieren und durch seine Kunst andere daran teilhaben zu lassen.

Marty lebt teilweise in seinem Haus und Studio in Laguna Beach, Kalifornien, und auf Kauai, einer Hawaii zugehörigen Insel. Nachdem er viele Jahre lang eine Karriere als Liedermacher verfolgt hatte, wusste er eines Tages, dass er Maler werden wollte. Marty erinnert sich: „Ich liebte es, Musik zu machen, doch das Musikgeschäft gefiel mir gar nicht. Nach Jahren des Komponierens und Musikmachens fühlte ich mich ausgebrannt und beschloss, andere Interessen zu verfolgen. Kurze Zeit später überredete mich einer meiner Freunde, mir ein paar Farben und Pinsel zu kaufen. Vom ersten Moment an, wo ich mit dem Pinsel die Leinwand berührte, war ich süchtig." Marty verkaufte sein Aufnahmestudio und stürzte sich kopfüber in seine lebenslange Liebesaffäre mit der Malerei.

Marty erinnert sich weiter: „Die einzige Möglichkeit, um sich als Maler weiterzuentwickeln und zu wachsen, besteht darin, neue Dinge auszuprobieren, sich in die Landschaft zu versenken, zu akzeptieren, dass es keinen Erfolg ohne Versagen gibt." Seine üppigen Kompositionen mit ihren Schatten und leuchtenden Farben schaffen wundervolle Impressionen, die unweigerlich Erinnerungen in jenen hervorrufen, die mit solchen Umgebungen vertraut sind.

Kontaktinformation:
Website: www.martygrayart.com

***

Illustration von Paul Heussenstamm

Kartenname: *Aufgestiegene Meister*

Paul ist bekannt für seine Kapazität und Klarheit, wenn es darum geht, anderen zu helfen, die „Sprache der Seele" zu entdecken. Als Maler der vierten Generation konnten Pauls formale Ausbildung und sein Studium der schönen Künste ihn nicht auf die ultimative Enthüllung seiner Lebensaufgabe vorbereiten: das Lernen und Lehren des Mandala, zugleich uralte Sprache und machtvolles Symbol. Für viele Menschen sind Pauls strahlend bunte Bilder aus der Seele und für sie gemacht und dienen als Weg zur Selbsterkenntnis, Heilung und Ganzheit. Doch Paul malt nicht nur, sondern gibt überall in den Vereinigten Staaten und auf der ganzen Welt Seminare mit dem Titel „Kunst und der spirituelle Weg".

Kontaktinformation:
Postadresse: P.O. Box 836, Laguna Beach, CA 92651, USA
Website: www.mandalas.com

* * *

Illustrationen von Carol Heyer

Kartennamen: *Basis-Chakra*, *Bücher*, *Mediale Fähigkeiten*, *Kraft-Tier*

Carols Karriere umfasst ein weites Feld: Sie war Drehbuchschreiberin und Produktionsdesignerin, verfasste bekannte Kinderbücher und begann schließlich, realistische und intensiv farbenfrohe

„High Fantasy"-Märchen über Krieger und Zauberer bis hin zu mystischen und religiösen Themen zu malen. Imaginative und faszinierende Bilder sind Carols Spezialität, die ihr unter anderen Auszeichnungen von Print's Regional Design Annual, Spectrum: The International Competition for Fantastic Art, The Society of Illustrators of Los Angeles, The Association of Science Fiction and Fantasy Artists und The Society of Children's Books Writers eingebracht hat.

Carol wohnt in Thousand Oaks, Kalifornien, und ist als Zeichnerin und Autorin tätig. Sie hat Computerkunst gelehrt und als Produktionsdesignerin und Drehbuchautorin für Spielfilme gearbeitet. Carol hat dem Filmgeschäft den Rücken gekehrt, um eine Karriere als freiberufliche Malerin und Autorin zu verfolgen. Bis heute wurden ihre Malbücher für Kinder mehr als eine halbe Million Mal verkauft.

Kontaktinformation:
Website: www.carolheyer.com

***

Illustrationen von Howard David Johnson

Kartennamen: *Durchtrenne deine Schnüre, Kehl-Chakra, Schütze dich, Solarplexus-Chakra, Staubsauge deine Ängste weg, Vegetarier/Veganer, Zwillingsflamme*

Howard David Johnson ist ein zeitgenössischer realistischer Maler und Fotograf, ausgebildet im Bereich Naturwissenschaft und Geschichte. David, wie er genannt werden möchte, arbeitet mit verschiedenen Maltechniken, von Ölmalerei bis zu digitalem Zeichnen. Nachdem er viele Jahre lang gezeichnet und gemalt hat, war seine Traditional Media Art 1996 sowohl in einer Ausstellung im British Museum in London als auch im Metropolitan Museum of Art in New York City zu sehen. Davids realistische Illustrationen sind in vielen Buchladenketten in den USA sowie in Magazinen und Schultexten überall auf der Welt erschienen.

David bietet seinen Kunden viele Optionen und mehr als drei Jahrzehnte Erfahrung an. Als realistischer Illustrator arbeitet er auch mit Computergrafik und ist an der Entwicklung und dem Verkauf von Software für Adobe Photoshop beteiligt. Für ausgesuchte Projekte können Werke in Digitalmalerei, mit Buntstiften, Aquarellfarben, Mixed Media und Öl auf Leinwand bestellt werden. Bei Auftragswerken bietet David seinen Klienten einen ausgezeichneten Kundendienst und überlässt ihnen das Copyright für diese maßgefertigten Illustrationen.

Kontaktinformation:
Website: www.howarddavidjohnson.com

***

Illustration von Joanne Koenig-Macko

Kartenname: *Herz-Chakra*

Joanne ist eine international bekannte Malerin, spirituelle Beraterin, Autorin und dynamische Seminarleiterin. Diese inspirierte, intuitive Künstlerin hat Tausenden von Klienten in allen Teilen der Welt mit ihren Bildern Freude bereitet. Mit Begeisterung malt sie ihre dynamischen Bilder und hilft anderen Menschen, ihre wahren Talente und ihre Aufgabe im Leben zu erkennen.

Ihre ätherischen Illustrationen sind namhaften Politikern verschiedener Länder als Geschenke überreicht worden, und im Auftrag der World Citizen Diplomats war sie als Direktorin der International Angels for World Peace tätig.

Gegenwärtig wird Joanne von Agenten in Japan vertreten, und zahllose Klienten sammeln nicht nur ihre inspirierende Kunst, sondern suchen sie darüber hinaus wegen spiritueller Lebensberatung auf. Ihre Leidenschaft für die jährlich stattfindende und von ihr organisierte Lightworker's Conference ist auf ihre 22-jährige Erfahrung in der Unternehmenswelt zurückzuführen, der sie den Rücken kehrte, um ihre Vision zu realisieren und zu helfen, das Bewusstsein der Menschheit auf eine höhere Stufe zu heben. Gegenwärtig schreibt sie an einem Buch über alles, was sie im Leben, von ihren Klienten und den vielen Illusionen, von denen wir uns benebeln lassen und die unser Leben beeinflussen, gelernt hat.

Kontaktinformation:
Website: www.angelic-art.com

***

Illustrationen von Ragen Mendenhall

Kartennamen: *Hast du deine Engel um Hilfe gebeten?, Kläre deine Energie*

Ragen wurde 1978 in Las Vegas geboren; zurzeit wohnt und arbeitet sie in Phoenix, Arizona. Ihre ätherischen Fantasy-Bilder stellen häufig Engel, Meerjungfrauen, Feen und wunderschöne Frauen da, die sich mit Tieren verbinden. Ragens Malstil wird für seine lebensechte emotionale Qualität und seinen dynamischen Realismus geschätzt. Signierte Drucke ihrer Originalbilder können bestellt werden. Bitte besuchen Sie Ragens Website, um mehr von ihrer Arbeit zu sehen.

Kontaktinformation:
Website: www.ragensart.com

***

Illustrationen von Marius Michael-George
Kartennamen: *Du bist ein machtvoller Lichtarbeiter, Erzengel Michael*

Marius ist ein klassisch ausgebildeter visionärer Maler und Kunstlehrer, der sich im weitesten Sinne auf religiöse Themen spezialisiert hat. Seine Bilder sind weltweit als Drucke, Karten, Buchillustrationen und Reproduktionen auf Leinwand erhältlich. In seiner Schule des klassisch-visionären Realismus bietet Marius sowohl eine Vielzahl von Kursen und Seminaren an als auch ein Ausbildungsprogramm und Privatunterricht für Personen mit unterschiedlicher künstlerischer Erfahrung.

Er sagt: „Ich male Engel, weil sie ein untrennbarer Teil meiner eigenen Natur sind, und im täglichen Leben bin ich stets von Individuen umgeben, die in Wahrheit Engel in menschlicher Form sind. Die Süße, Unschuld und Schönheit der Engel, kombiniert mit ihrer außergewöhnlichen Macht und Majestät, sind eine konstante Inspiration für meine Kunst."

Alle Erzengel-Illustrationen in diesem Orakelkartendeck sind als Drucke, Karten und Giclée-Reproduktionen auf Leinwand erhältlich. Auch einige der Original-Ölgemälde werden zum Verkauf angeboten.

Kontaktinformation:
Postadresse: P.O. Box 12, Emigrant, MT 59027, USA, Telefon: 001-888-8729111
Website: www.MariusFineArt.com
E-Mail: Marius@ycsi.net

***

Illustration von Michael Orwick

Kartenname: *Indigo*

In Willamette Valley in Oregon mit seiner herrlichen, abwechslungsreichen Landschaft aufzuwachsen, hatte eine profunde Wirkung auf Michael. Er empfand von jeher große Ehrfurcht vor der außerordentlichen Fähigkeit von Landschaften – und Malerei –, Geschichten zu erzählen.

Michaels Karriere als Maler begann mit seiner Tätigkeit als Animationszeichner in den Will Vinton Studios und verlagerte sich alsbald auf Illustrationen, wobei er mit Begeisterung den Ideen anderer künstlerisches Leben einhauchte. Heute kreiert Michael das, was er „inspirierten Expressionismus“ nennt, indem er seine eigenen Ideen auf Leinwand malt und den Betrachter einlädt, die passende Geschichte dazu zu kreieren.

Michael gibt in seinen Werken durch Atmosphäre und heitere Farben Hinweise auf die Stimmung, einen Ort und die Tageszeit; jedoch ist das, was er unerwähnt lässt, das, was den Betrachter berührt. Seine Bilder bieten die seltene Möglichkeit, an einen bestimmten Ort zurückzugehen, der die Imagination anregt, und ihn neu zu entdecken.

Kontaktinformation:
Website: www.michaelorwick.com

***

Illustrationen von Marcia Snedecor

Kartennamen: *Bei Ängstlichkeit richte deinen Fokus auf Dienen, Emotionale Sensitivität, Heile deine Süchte, Loslassen, Sakral-Chakra*

Marcia lebt mit ihrem Mann und mehreren Katzen auf dem Land in Ohio. Sie studierte Kunst an der Miami University; außerdem ist sie Krankenschwester, freiberufliche Sozialarbeiterin und Reiki-Meisterin – allesamt Heilberufe, die ihr Leben bestimmt und ihre Kunst beeinflusst haben. Zurzeit arbeitet sie ausschließlich als Malerin und Illustratorin.

Marcias Werke haben viele Preise gewonnen und sind bei Sammlern hochbegehrt. Sie hat Umschläge von Büchern, Magazinen, Orakelkartendecks und CDs kreiert.

Kontaktinformation:
Website: www.homestead.com/ethereal_art/index.html

***

Illustration von Christophe Vacher
Kartenname: *Gottes-Kästchen*

Christophe ist seit 1993 bei Walt Disney Feature Animation im Bereich der visuellen Entwicklung tätig. In Frankreich geboren, arbeitete Christophe zunächst drei Jahre in Disneys Trickfilmstudios in Paris, wo er Hintergründe zeichnete und bei mehreren berühmten Disney-Animationsfilmen Teilregie führte.

1996 zog Christophe nach Kalifornien und setzte dort seine Zusammenarbeit mit Disney fort. 2004 wechselte er in den Bereich Art-Direktion und arbeitete unter anderem an dem Animationsteil des Disney-Films Enchanted mit. Christophe sagt: „Meine Arbeit wird von Musik, Reisen und persönlichen Erlebnissen inspiriert. Jedes Bild kann Sie mitten in einer Geschichte in eine andere Welt katapultieren – oder ist einfach ein symbolischer Ausdruck meiner inneren Gefühle."

Kontaktinformation:
Website: www.vacher.com

***

Illustrationen von Josephine Wall

Kartennamen: *Dritte-Auge-Chakra, Göttin*

Seit ihrer Kindheit war Josephine fasziniert von Licht, Farbe, Fantasie und visuellen Geschichten. Dass sie als Malerin leben und arbeiten würde, war ihr von Anfang an klar! Verzaubernde und detailgetreue Bilder entströmen ungehindert ihrer Imagination in einer endlosen Kaskade von Ideen.

Nachdem sie ihr Kunststudium abgeschlossen hatte, arbeitete sie zunächst bei Poole Pottery, wo sie ihre dynamische und kraftvoll bunten Designs der heute berühmten Delphis-Keramiken bemalte – die von Sammlern äußerst begehrt sind und bei speziellen Auktionen Höchstpreise erzielen.

Sie lebt zufrieden mit ihrem Mann in Wysteria Cottage, wo sie in ihrem Studio unter dem Dach malt. Die Wände sind mit einer riesigen Glyzinie bedeckt, deren wunderschöne Blüten von der Decke bis zum Boden reichen – handgemalt natürlich! Josephine ist davon überzeugt, dass das pyramidenförmige Dach, unter dem sie arbeitet, eine Quelle inspirierender Vibrationen ist und ihrer Kreativität zugutekommt.

Ein Großteil der Inspiration für ihre mystischen Bilder ist auf ihre genaue Beobachtung der

Natur und ihr Interesse daran zurückzuführen, wie man sie erhalten kann. Wenn sie auch oft danach strebt, eine Botschaft in ihren Zeichnungen und Gemälden unterzubringen, hofft sie außerdem, den Betrachter zu einer persönlichen Reise in die magische Welt seiner eigenen Imagination zu inspirieren.

Einmal jährlich stellt Josephine ihre Bilder bei der Society for Art of the Imagination – zu deren Mitgliedern sie gehört – in London aus. Außerdem sind ihre Werke in Galerien überall in Südengland zu sehen, von Cornwall bis Kent, und auch in Amerika werden sie zusehends begehrter.

Kontaktinformation:
Website: www.josephinewall.co.uk

***

Illustration von Gilbert Williams

Kartenname: *Kronen-Chakra*

Gilbert ist ein bekannter und hochgeehrter visionärer Maler, dessen Gemälde in einem transzendenten Licht glühen und ein erstaunliches Panorama von archetypischen Images darstellen:

Tempel, Haine, Seen und Lichtwesen, Göttinnen und Naturgeister, Monde und magische Berge. Gilbert wurde in Santa Monica, Kalifornien, geboren und lebte später mit seiner Familie in Anaheim, Kalifornien.

Schon als Kind zeichnete Gilbert viel und gerne. Als Jugendlicher zeichnete und studierte er weiterhin als Autodidakt. Er beschäftigte sich sowohl mit Kunstgeschichte und den Techniken der Renaissancemeister als auch mit Anthropologie, Archäologie und Geologie. Seine Karriere als Berufsmaler begann in den spätern 70ern in Mt. Shasta, Nordkalifornien, wo er zum ersten Mal seine Bilder in örtlichen Galerien verkaufte. Große amerikanische Magazine wurden auf ihn aufmerksam – und Hollywood ebenso. Seine Bilder sind seither als Albumcover für Michael Jackson, Crosby, Stills and Nash und die Fresh Aire-Platten der Mannheim Steamrollers und für das London Symphony Orchestra bekannt geworden. Außerdem erschienen sie auf den Titelblättern des Omni-Magazins. Sein Ruf als Maler und Illustrator breitete sich schnell aus, und in den frühen 80ern widmeten die Illuminarium Gallery und Isis Riding ihm erfolgreiche Einzelausstellungen. Heute werden seine Originalbilder häufig innerhalb von Tagen nach ihrer Fertigstellung von Sammlern gekauft, und Isis Riding bietet Karten, Poster, mattierte Drucke, Kunstbücher und Lithografien seiner Werke an.

Gilbert lebt in Kalifornien, wo er seine Arbeit und seine Familie gleichermaßen genießt.

Kontaktinformation:
Website: www.gilbertwilliams.com

***

Illustrationen von Corey Wolfe

Kartennamen: *Erzengel Raphael; Streichen, Klären, Beseitigen*

Corey ist seit 1979 als Illustrator tätig und hat viele Auszeichnungen und Preise gewonnen, vor allem in der Video-/Film-Industrie sowie in den Bereichen Science Fiction und Fantasy. Er malt sowohl klassisch in Öl als auch digital. Er hat mehr als 700 Projekte für Disney gezeichnet, unter anderem für die Filme Fantasia, 101 Dalmatians, Sleeping Beauty, Aladdin und The Lion King.

Er lebt in Washington State mit seiner Frau und Tochter, wo er in seinem Traumstudio auf einem fünf Hektar großen Grundstück malt, von dem aus er hinunter auf Portland und Vancouver sehen kann. Er sagt: „Das Leben ist gut, doch wie jeder Künstler träume ich davon, klassische Bilder zu malen. Wenn ich Zeit habe, male ich Frauen in klassischen Posen. Außerdem male ich besonders gerne Engel und Feen.“ Auf Coreys Website kann man Fotodrucke dieser und vieler anderer Bilder bestellen.

Kontaktinformation:
Postadresse: 12014 N.E. 192nd Ave., Brush Prairie, WA 98606, USA
Website: www.coreywolfe.com

***

Illustrationen von Sheila Wolk

Kartennamen: *Du hast große hellseherische Fähigkeiten, Erdenengel, Feen, Integrität*

Sheila begann ihre Karriere als Art-Direktorin einer pharmazeutischen Werbeagentur und medizinische Illustratorin, was ihr die Möglichkeit gab, ihre Fähigkeit beim Zeichnen der menschlichen Form zu perfektionieren. Ihre ersten Aquarellbilder gehörten in das Genre Sport-Kunst. Tatsächlich gelang es Sheila bald so gut, die menschliche Form in Bewegung darzustellen, dass sie 1987 vom American Sport Art Museum and Archives (ASAMA) als Sport Artist of the Year ausgezeichnet wurde.

Ihr Wechsel in das Land der Fantasy ging allmählich vonstatten, doch sobald sie die Entscheidung getroffen hatte, ihren Fokus zu verändern, war das Ergebnis sensationell! Sheila verbindet unterschiedliche Techniken, um einen heiteren und gleichzeitig aufregenden Blick in die magische Welt zu ergattern, in der wir leben – ihre Sagen, Mythen und Legenden. Tatsächlich entspringt ihre Kunst einem mystischen Bereich, wo sich Logik, Träume und Kunst begegnen und vermischen, um eine Traumlandschaft von hinreißender Schönheit, sagenumwobener Majestät und wunderlichen Figuren zu kreieren. Sie verbindet traditionelle und unkonventionelle Methoden, um die Visionen, Träume und Realitäten einer Welt zu vermitteln, von der sich viele wünschen, sie auch außerhalb ihrer Leinwände sehen zu können. Sheila kombiniert ihr kreatives Talent und ihre Imagination, um komplizierte Vorstellungen treffend und künstlerisch wertvoll in einer leicht zu verstehenden und visuell unterhaltsamen Art zu interpretieren.

Sheila lebt in New York City, wo sie weiterhin damit beschäftigt ist, in ihren Aquarellen und Lithografien die Kunst des Sports mit allem dazugehörigen Drama, Intensität, Kraft und Anmut festzuhalten.

Kontaktinformation:
Website: www.sheilawolk.com

Über die Autorin

Doreen Virtue ist Doktor der Psychologie und arbeitet als Hellseherin mit der Ebene der Engel zusammen. Sie ist u. a. Autorin von *Die Erzengel und wie man sie ruft, Das Heilgeheimnis der Engel sowie Die Heilkraft der Engel.*

Ihre Bücher wurden in viele Sprachen übersetzt.

Doreen war Gast bei Oprah, CNN, *The View* und anderen Fernseh- und Radioprogrammen. Sie schreibt regelmäßige Kolumnen für *Woman's World, The Age Retailer und Spirit Destiny.* Weitere Informationen über Doreen und die von ihr weltweit geleiteten Seminare erhalten Sie auf der Website www.AngelTherapy.com.

Notizen

Notizen